AF389942

LA
FILLE
DE
JOYE.

TU veux ma chere Amie, que je re-
trace à tes Yeux les égaremens de
ma prémiere jeuneſſe, quelque deſagréa-
ble qu'en puiſſe être le tableau, tes déſirs ſont pour moi des ordres abſolus: je
ne te cacherai rien; & ſans te faire lan-
guir par un exorde ennuïeux, je vais te
révéler juſqu'aux moindres circonſtances du

liber-

libertinage horrible où j'ai été plongée au-
trefois.

La vérité guidera ma plume. Je ne prendrai même point la peine de couvrir de la
plus légére gaze mes craïons : je peindrai
les chofes d'après nature fans craindre de
violer les Loix de la décence qui ne font
pas faites pour des perfonnes auffi intime-
ment amies que nous. D'ailleurs tu as une
connoiffance trop confommée des plaifirs
réels pour que leur peinture te fcandalife.
Tu n'ignores pas que les Gens d'efprit & de
goût ne font nul fcrupule de décorer leurs
cabinets de nudités de toute efpéce, quoique
par la crainte qu'ils ont de bleffer l'oeil
du Vulgaire, ils n'aïent garde de les expofer dans leurs Salons.

Paf-

Paſſons à mon Hiſtoire. On m'appelloit étant enfant Francis Hill. Je ſuis née de Parents fort pauvres, dans un petit Village près de Liverpool Lancashire.

Mon Pére qu'une infirmité empêchoit de travailler aux gros ouvrages de la Campagne, gagnoit à faire des Filets une très médiocre ſubſiſtance, que ma mére n'augmentoit guère en tenant une petite ecole de Filles dans le Voiſinage. Ils avoient eû pluſieurs Enfants, dont j'étois reſtée ſeule.

Mon éducation jufqu'à l'âge de quatorze ans avoit été des plus communes. Lire, ou plûtôt épeller, griffonner & coudre aſſez mal faiſoit tout mon ſçavoir. A l'égard de mes principes, ils conſiſtoient

dans

dans une parfaite ignorance du vice, &
dans une forte de retenuë & de timidité
naturelles à notre Sexe, dont nous ne nous
guerissons que trop tôt aux dépens de notre innocence.

Ma bonne mére avoit toûjours été tellement occupée de fon ecole & des petits
embaras du Ménage, qu'elle n'avoit emploïé que bien peu de temps à m'inftruire.
Au refte, elle étoit trop ignorante du Mal,
pour être en état de me donner des Leçons qui puffent m'en garantir.

J'étois entrée dans ma quinzième Année,
lorfque les chers & déplorables auteurs
de ma vie moururent de la petite Vérole
à quelques jours l'un de l'autre. Je me
trouvai par leur mort une malheureufe Or-
pheline

pheline fans reffource & fans Amis, (car mon Pére qui étoit de la Comté de Kent s'étoit établi par hazard en cet endroit là.) Je fus auffi attaquée de cette contagieufe maladie, mais fort légerement, & fans qu'il m'en reftât aucune marque. Je paffe fur la véritable affliction où cette perte me plongea. Le tems & l'humeur volage de la jeuneffe n'en effacérent que trop tôt de ma mémoire la trifte & prétieufe épo-que. Une jeune Femme nommée Efther Davis, alors dans notre Village devoit re-tourner inceffamment à Londres, où elle étoit en fervice : elle me propofa de l'y fuivre, m'affûrant de m'aider de fes avis & de fon crédit pour me faire placer.

Comme il n'y avoit perfonne au monde

qui fe mit en peine de ce que je deviendrois, j'acceptai fans héfiter l'offre de cette Créature , réfoluë de tenter fortune, tentative, foit dit en paffant, fouvent plus funefte , qu'avantageufe à l'un & l'autre Sexe.

J'étois enchantée des merveilles qu'Efther Davis me contoit de Londres : il me tardoit d'y être pour voir les Lions de la Tour, le Roi, la Famille Roïale , les Maufolées de Weftminfter, la Comédie, l'Opera; enfin, toutes les jolies chofes, dont elle piquoit ma curiofité par fes agréables récits. Mais fes Hiftoires les plus intéreffantes étoient , que nombre de pauvres Campagnardes avoient trouvé moïen par leur bonne conduite de s'enrichir elles

&

& les leurs; que bien des Filles vertueuses avoient épousé leurs Maîtres qui leur faisoient aujourd'hui rouler Carosse, qu'on en connoissoit même quelques-unes qui étoient devenuës Duchesses; que le bonheur faisoit tout, & que nous y pouvions prétendre aussi-bien que les autres. Encouragée par de si flateuses Propheties, je me hatai de réaliser mon petit héritage, dont le restant, les dettes & les frais d'Enterrement acquités, montoit à huit Guinées & dix-sept Shellings. J'empaquetai ma modeste Garderobe dans une espéce de Boite à Péruque, & nous partimes par le Chariot de Chester. Ma Conductrice me servit de Mére pendant toute la route, en considération de quoi elle jugea à propos de me faire païer

A 4

son

ſon écot juſqu'à Londres. Elle fit à la vérité les choſes en conſcience, & ménagea
ma Bourſe comme ſi c'eut été la ſienne.

Lorſque nous fumes arrivées Eſther
Davis ſur la protection, de qui je comp-
tois plus que jamais, me pétrifia par une
froide Harangue, dont voici la ſubſtance.
„ Loué ſoit Dieu, nous avons fait un bon
„ Voïage : ça , je m'en vais vîte à la
„ Maiſon ; ſongez à vous mettre en ſervi-
„ ce le plûtôt que vous pourez : n'apre-
„ hendez pas que les Places vous man-
„ quent, il y en a ici plus que de Paroiſ-
„ ſes. Je vous conſeille d'aller au Bu-
„ reau *. Pour moi, ſi j'entens parler de
„ quel-

* Lieu où les Domeſtiques s'adreſſent pour
trouver Condition.

„ quelque chofe, je vous en donnerai avis.
„ Vous ferez bien en attendant de prendre
„ une Chambre... Je vous fouhaite beau-
„ coup de bonheur... J'efpére que vous
„ ferez toûjours brave Fille, & ne ferez
„ point tort à la mémoire de vos Pa-
„ rents ". Après cette belle exhortation,
elle me fit une courte révérence & prit
congé de moi.

Je fentis avec une amertume inexprima-
ble la cruauté de fon procédé. Elle n'eût
pas les talons tournés que je fondis en
larmes, ce qui me foulagea un peu, mais
point affez pour me tranquilifer l'efprit fur
l'embaras où je me trouvois. Un des Gar-
çons de l'Hotellerie vint mettre le com-
ble à mes inquiétudes, en me demandant

fi je n'avois befoin de rien. Je lui répondis naïvement que non, mais que je le
priois de me faire avoir un Logement pour
cette nuit. L'Hôteffe parût, & me dit feche-
ment, fans être touchée de l'état où elle
me voïoit, que j'aurois un Lit pour un
Shelling, & que ne doutant pas que je
n'euffe des Amis dans la Ville, je pourois
me pourvoir le lendemain. Dès que je
me vis affûrée d'un Lit, je repris courage,
& réfolus d'aller le jour fuivant au Bu-
reau, dont Efther m'avoit donné l'adreffe
fur le revers d'une Chanfon.

L'impatience où j'étois de mettre mon
projet à exécution me rendit matineufe.
Je mis à la hâte mes plus beaux atours de
Village, & laiffant l'Hôteffe dépofitaire de

mon

mon petit Butin, je m'en fus droit au lieu qui m'étoit indiqué. Une vieille Matrone tenoit cette Maison. Elle étoit assise devant une Table avec un gros Regître où paroissoit griffonnés par ordre Alphabétique un nombre infini d'adresses.

J'aprochai de cette vénérable Personne les Yeux respectueusement baissés, passant à travers une foule prodigieuse de Peuple, tous rassemblés pour la même cause. Je lui fis une demi-douzaine de révérences niaises en lui bégaïant ma très-humble Requête.

Elle me donna audience avec toute la dignité & le sérieux d'un petit Ministre d'Etat, & m'aïant toisée de l'œil, elle me répondit, après m'avoir fait au préalable

ble

ble lacher un Shelling, que les conditi
pour Femmes étoient fort rares, & lu.
tout pour moi qui ne paroiſſois guère pre-
pre aux Ouvrages de fatigue; mais qu'elle verroit pourtant ſur ſon Livre s'il y a-
voit quelque choſe qui me convint quand
elle auroit expédié quelques-unes de ſes
Pratiques.

Je me retirai triſtement en arriére preſque deſeſpérée de la réponſe de cette vieille Médaille. Néantmoins pour me diſtrai-
re je hazardai de promener mes regards ſur
l'honorable cohuë dont je faiſois partie, &
parmi laquelle j'aperçûs une groſſe Dame
à trogne bourgeonnée d'environ cinquante
Ans qui avoit les yeux fixés avidement ſur
moi comme ſi elle eût voulu me dévorer.

Je

Je me trouvai d'abord un peu déconcertée, mais un sentiment secret d'amour propre me faisant interprêter la chose en ma faveur, je me rengorgeai de mon mieux & tachai de paroître le plus à mon avantage qu'il me fut possible. Enfin après m'avoir bien examinée tout son saoul, elle m'aprocha d'un air extrêmement composé, & me demanda si je voulois entrer en service; à quoi je répondis que ouï, avec une profonde révérence.

,, Vraïment, dit elle, j'étois venuë ici ,, à deffein de chercher une Fille.... je ,, crois que vous pourez faire mon affai- ,, re... votre phisionomie n'a pas besoin ,, de répondants ... au moins, ma chére ,, Enfant, il faut bien prendre garde,

,, Lon-

„ Londres eft un abominable féjour...
„ ce que je vous recommande c'eft de la
„ foumiffion à mes avis & d'éviter fur-
„ tout la mauvaife compagnie ". Elle a-
joûta à ce difcours mainte autre phrafe plus
que perfuafive pour engeoler une innocente Campagnarde qui fe croïoit trop heureufe de trouver une telle condition, car je
me figurois avoir affaire à une Dame fort
refpeϾable.

Cependant, la Vieille teneufe de Livre
à la vûë de qui notre accord s'étoit paffé
me foûrioit de façon que j'imaginai fotte-
ment qu'elle me congratuloit fur ma bonne
chance : mais j'ai découvert depuis que
les deux Gaupes s'entendoient comme
Larrons en Foire, & que cette honête
Mai-

Maifon étoit un Magazin d'où Madame Brown ma Maitreffe tiroit fouvent des Provifions pour accommoder fes Chalands. Elle étoit fi contente de ma rencontre, que de peur que je ne lui échapaffe, elle me jetta immédiatement dans un Caroffe & aïant été retirer ma Boîte de mon Auberge, nous fûmes defcendre droit à fon Logis ruë de ..... l'apparance du Lieu, le goût & la propreté des meubles ne diminua rien de la bonne opinion que j'avois conçûë de ma place. Je ne doutai pas que je ne fuffe dans une maifon des mieux famées.

Auffi-tôt mon inftalation, m'a Maitreffe débuta par me dire que fon Deffein étoit que nous vêcuffions familiérement enfemble,

ble,

ble, qu'elle m'avoit prife moins pour la fervir, que pour lui tenir compagnie, & que fi je voulois être bonne Fille, elle feroit plus pour moi qu'une véritable Mére. A quoi je répondis niaifement; en faifant deux ou trois ridicules révérences, ouï-da, oh! que fi, bien obligée, votre fervante.

Un moment après elle fonna & une grande dégingandée de Fille parut. ,, Marthe, ,, lui dit Madame Brown, je viens d'ar- ,, rêter cette jeune Perfonne pour prendre ,, foin de mon Linge : allez, montrez ,, lui fa Chambre. Je vous ordonne fur- ,, tout de la regarder comme une autre ,, moi-même; car je vous avoüe que fa fi- ,, gure me plaît à un point que je ne fais pas ,, ce que je ferai capable de faire pour elle ''.

Mar-

Marthe, qui étoit une rufée Coquine des mieux ftilée au métier, me falua refpectueufement & me conduifit au fecond Etage dans une Chambre fur le derrière où il y avoit un fort bon Lit que je devois partager à ce qu'elle m'apprit avec une Parente de Madame Brown. Après quoi, elle me fit le panégirique de fa bonne & chére Maitreffe, m'affûrant que j'étois fort heureufe d'être fi bien tombée; qu'il n'étoit pas poffible de mieux rencontrer, qu'il faloit que je fuffe née coïffée, que je pouvois me vanter d'avoir fait un excellent hazard. En un mot, elle me dit cent autres platitudes de cette efpèce, capables de me faire ouvrir les Yeux fi j'avois eu la moindre expérience.

B

On

On fonna une feconde fois : nous defcen-
dimes & je fus introduite dans une Sale
où la Table étoit dreffée pour trois. Ma
Maîtreffe avoit alors avec elle fa prétenduë
Parente fur qui les affaires de la Maifon
rouloient. Mon éducation devoit être
confiée à fes foins, & fuivant ce plan on
étoit convenu que nous coucherions enfemble.

Ici, je fubis un nouvel examen de la
part de Mademoifelle Phæbé ma Tutrice
qui eut la bonté de me trouver auffi de fon
goût. J'eûs l'honeur de diner entre ces
deux Dames, dont les attentions & les
empreffements alternatifs me raviffoient
l'ame.

Il fut arrêté que je garderois la chambre
pendant

pendant qu'on me feroit des habits con-
venables à l'état que je devois tenir auprès
de ma Maîtreſſe : mais ce n'étoit qu'un
prétexte. Madame Brown ne vouloit pas
que perſonne me vît juſqu'à ce qu'elle eut
trouvé Marchand pour mon Pucelage que
ma ſimplicité lui faiſoit juger que j'avois
encore.

Depuis le diner juſqu'au ſoir il ne ſe paſ-
ſa rien qui mérite d'être raporté. L'heure
de la retraite étant arrivée, nous montâ-
mes chacune à notre Apartement. Phæbé
qui s'aperçût que j'avois de la honte à me
deshabiller en ſa préſence m'enleva dans
la minute Mouchoir de cou, Robe, &
Cotillons. Alors rougiſſant de me voir
ainſi nuë, je me fourai comme un éclair

en-

entre les Draps, où la Commére ne tarda pas à me fuivre. Phæbé avoit environ vingt cinq ans & en paroiffot dix de plus par fes longs & fatiguants fervices, ce qui l'avoit réduite au métier d'appareilleu-fe avant le tems.

L'Egrillarde ne fut pas plûtôt à mon côté qu'elle m'embraffa d'une ardeur in-croïable. Je trouvai ce manége auffi nou-veau que bifare; mais l'imputant à la feu-le amitié, je lui rendis de la meilleure foi du monde baifers pour baifers. En-couragée par ce petit fuccès, elle prome-na fes Mains fur les parties les plus fecre-tes de mon Corps, & fes attouchements libres & lafcifs m'émûrent & me furpri-rent d'avantage qu'ils ne me fçandaliférent.

Les

Les éloges féducteurs, dont elle affai-
fonnoit fes careffes achevérent de me gagner. J'étois d'autant moins épouvantée
de fes tranfports que je n'y connoiffois
aucun mal. Le badinage commençant à
me plaire, j'éprouvai pour la première
fois un plaifir que j'avois ignoré jufqu'a-
lors. Un feu fubtil fe gliffa dans mes
veines & m'embrafa pour-ainfi dire jufques à l'Ame. Ma gorge ou plutôt mes
deux petits Tétons naiffants fermes & po-
lis irritant de plus en plus fes defirs, elle porta la main fur cette imperceptible
trace qu'un jeune duvet de foïe garnif-
foit depuis quelques mois, & qui promet-
toit d'ombrager un jour l'agréable réduit
des plus délicieufes fenfations. Ses doigts

B 3

joüoient

joüoient & tachoient d'alonger les tendres
fcions de cette charmante Mouffe que la
Nature a fait croître autant pour l'orne-
ment, que pour l'utilité.

Mais, non contente de ces préludes, elle tenta le principal point & introduifit
par gradation fon Index jufqu'au vif, ce
qui m'auroit fans doute fait fauter hors du
Lit, & crier au fecours fi elle ne s'y étoit
pas prife auffi doucement. Enfin la Mef-
faline triompha. Je reftai entre fes bras
dans une efpèce d'anéantiffement fi délectable, que j'aurois fouhaîté, qu'il ne cef-
fât jamais. „ Ah! s'écrioit-elle, en me
„ tenant toûjours ferrée, que tu es une ai-
„ mable Enfant!... quel fera le mortel
„ affez heureux pour te rendre femme!....
„ Dieux!

„ Dieux! que ne fuis-je Homme! ” Elle interrompoit ces expreſſions entre coupées par les Baiſers les plus chauds & les plus lubriques que j'aye reçûs de ma vie. J'é-tois ſi tranſportée; mes ſens étoient telle-ment confondus que j'aurois peut-être ex-pirée ſi des larmes délicieuſes qui m'é-chaperent dans la vivacité du plaiſir n'euſ-fent en quelque manière calmé le feu, dont je me ſentois dévorée.

Phæbé, l'impudique Phæbé à qui tous les Genres de Paillardiſe étoient connus avoit pris ſelon toute apparence ce goût bifare en éduquant de jeunes Filles. Ce n'étoit pas néantmoins qu'elle eût de l'averſion pour les Hommes, ou qu'elle ne les préferât à notre Sexe: mais un

pan-

panchant infurmontable pour les plaifirs les lui faifoit prendre indiftinctement de quelque façon qu'ils fe préfentaffent. Rien en un mot n'étant capable de la raffafier, elle jetta tout à coup le drap au pié du lit, & je me trouvai la che- mife au-deffus des epaules fans que j'euffe la force de me dérober à fes regards Lu- xurieux; car la chandelle brulant encore elle pouvoit me voir à fon aife. Je ne faurois m'empêcher de l'avoüer, fi je rou- gis alors, c'étoit moins de modeftie que de défirs.

„ Non, me difoit-elle, ma chére Pou-
„ le, non, tu ne me cacheras pas tant
„ beautés: il faut que ma vûë foit fatis-
„ faite auffi-bien que mes Mains... je

„ veux

„ veux dévorer des yeux cette Gorge
„ naiſſante ... Laiſſe la moi baiſer... Je
„ ne l'ai point aſſez conſidérée.... Que
„ je la baiſe encore une fois.... Ciel!
„ quelle Peau délicate & ferme!... Quel-
„ le blancheur!... L'admirable corſa-
„ ge!... oh! le charmant Duvet!... de-
„ grace, ſoufre que je voïe cette jolie
„ petite Fente... C'en eſt trop... Je n'en
„ puis plus.. Il faut.. Il faut. " Ici,
elle ſe ſaiſit de ma main, & la porta à
l'endroit où l'on ſait. Mais, que les mê-
mes choſes ſont quelque fois différentes!
Une épaiſſe & forte toiſon couvroit le
large orifice de cette énorme cavité. Je
crus que je m'y perdrois toute entière.
Cependant après s'être bien démenée ſon

B 5

ardeur

ardeur se ralentit: elle soupira profondément, & je me sentis aussi-tôt certaine
moîteur glutineuse entre les doigts, dont
l'expérience m'a depuis dévelopé la cause.
Nous ne mîmes fin à ces agréables récréa-
tions que pour céder aux douceurs du so-
meil qui nous accabloit. Je passai le reste
de la nuit dans un repos létargique, & ne
m'éveillai le lendemain qu'à dix heures
parfaitement refaite de mes fatigues.

Madame Brown entra comme nous sor-
tions du Lit: je tremblois qu'elle ne me
grondât de m'être levée si tard: mais,
tout au contraire; elle me mangea de caresses, & me dit les choses du monde les
plus flateuses. Après quoi on se mit à
m'équiper promptement pour me faire pa-

roître

roître avec décence devant un des chalands de la maison, qui attendoit déja que je fuſſe viſible. Je puis dire ſans vanité que malgré tous les ſoins que l'on prit à me pa- rer, la nature faiſoit mon plus grand or- nement. J'étois d'une taille avantageuſe & faite au tour: j'avois les cheveux noirs, la peau d'un blanc à éblouïr, les traits du viſage réguliers. J'avois de grands yeux bleus pleins de feux : ma gorge étoit par- faite; en un mot, je faiſois un morceau de Roi. Auſſi-tôt ma toilette achevée, nous deſcendîmes, & Madame Brown me préſenta à un vieux Couſin de nouvelle création, qui après m'avoir ſaluée m'apuïa ſur la bouche un baiſer, dont je l'aurois volontiers diſpenſé. En effet, on ne pou-

voit

voit guère voir une plus defagréable figure: que l'on fe répréfente un Homme de foixante ans paffés, petit & contrefait, de couleur de cadavre, avec de gros yeux de Bœuf, une bouche fenduë jufqu'aux oreilles garnie de deux ou trois deffenfes au lieu de dents, une haleine peftilentielle, enfin un monftre dont le feul afpect faifoit horreur.

C'étoit là le Gentil-Homme à qui ma bien-faictrice fon ancienne pourvoïeufe me deftinoit. Suivant ce beau projet elle me fit tenir droite devant lui, me tourna tantôt d'une façon, tantôt de l'autre, & détachant mon Mouchoir lui fit remarquer les mouvemens, la forme & la blancheur de ma gorge. Quand on crut le Bouc fuffifamment prévenu par cet échantillon de

mes

mes charmes, Phæbé me reconduifit à ma chambre, & aïant fermé la porte elle me demande miftérieufement, fi je ne ferois pas bien aife d'avoir un auffi beau Cavalier pour mari, (je fupofe qu'elle lui donnoit le tître de beau parce qu'il étoit galonné.) Je répondis naïvement que je ne fongeois point au mariage; mais que fi jamais j'avois un choix à faire, ce feroit parmi les gens de ma forte, me figurant que tous les beaux Cavaliers étoient faits fur le modéle de ce hideux animal.

Tandis que Phæbé emploïoit fa Rethorique à me perfuader en fa faveur, Maman Brown, ainfi que j'ai ouï dire depuis, l'avoit taxé à cinquante guinées pour la feule permiffion d'avoir un entretien pré-

limi-

liminaire avec moi, & à cent de plus au cas qu'il obtînt l'accompliſſement de ſes deſirs , le laiſſant maître de me récompenſer comme il le jugeroit à propos. Le marché fût à peine conclu qu'il prétendît qu'on lui livrât la marchandiſe ſur le champ. On eût beau lui répréſenter que je n'étois pas encore préparée à une pareille attaque, qu'il faloit tacher de m'apprivoiſer avant de bruſquer les choſes ; que timide & jeune comme je l'étois, on riſqueroit de m'effaroucher & de me rebuter par trop de précipitation. Diſcours inutiles ! tout ce qu'on pût obtenir de lui fût qu'il patienteroit juſqu'au ſoir.

Pendant le dinèr mes deux embocheuſes ne ceſſérent d'exalter le merveilleux Cou-

ſin

fin, & me dirent que j'avois eu le bonheur de le rendre fenfible dès la prémière vûë.... qu'il me feroit ma fortune fi je voulois être bonne Fille, & ne point écouter mon caprice... que je pouvois compter fur fon honeur ... que je ferois au niveau des plus grandes Dames du Roïaume. Elles ajoûtérent à ces faftidieux propos mainte autre bétife capable de tourner la tête d'une pauvre innocente telle que moi, fi l'averfion infurmontable que j'avois pour lui n'eût rendu leur babil fans effet.

La féance fût fi longue, qu'il étoit environ fept heures quand nous fortîmes de table. Je montai à ma chambre: notre vénérable Abbeffe m'y fuivit incontinent après efcortée de mon effroïable fatir. L'introduction

troduction faite, elle me dit qu'une affaire de la dernière importance la forçoit de nous quitter, que je l'obligerois fenfible- ment de vouloir bien tenir compagnie à fon cher Coufin jufqu'à fon retour. ,, Pour ,, vous, Monfieur, ajoûta-t-elle, fongez ,, par vos attentions & vos bonnes maniè- ,, res à vous rendre digne de l'affection de ,, cette aimable Enfant. Adieu: ne vous ,, ennuïez point ". En proférant ces der- niers mots, la Perfide étoit déja prefque au bas de l'efcalier. Je m'attendois fi peu à ce départ précipité que je tombai fur le So- pha comme pétrifiée. Le vieux Penart fe mit auffi-tôt près de moi, & voûlant m'em- braffer, fon haleine infecte me fit évanoüir. Alors, profitant de l'état où j'étois, il me

décou

découvrit brufquement la gorge qu'il pro-
fana de fes regards & de fes attouchemens
impurs. Encouragé par cet heureux début,
l'Infame m'étendit de mon long, & eût
l'audace de glifler une de fes mains fous
mes jupes: cette outrageante tentative me
rapella tout à coup à la vie. Je me relevai
avec promptitude, & le fupliai fondant en
larmes de ne me faire aucune infulte.
,, Qui moi, ma chere, dit-il, vous faire
,, infulte! ce n'eft pas mon intention. Eft-
,, ce que la vieille Matrone ne vous a pas
,, apris que je vous aime? que je fuis dans le
,, deffein de ... je fais cela, Monfieur in-
,, terrompis-je; mais je ne faurois vous
,, aimer; fincérement je ne le puis .. de
,, grace, laiffez moi.... ouï, je vous ai-

C   ,, merai

„ merai de tout mon cœur, ſi vous vou-
„ lez me laiſſer, & vous en aller ". C'é-
toit parler en l'air. Mes pleurs ne ſervi-
rent qu'à l'enflamer davantage, il m'étendit de nouveau ſur le Sopha, & après
m'avoir jetté la chemiſe par-deſſus la tête,
le vilain fit, en ſouflant & mugiſſant comme un Taureau, des efforts qui ſe ter-
minérent par une libation involontaire,
dont je ſentis les effets ſur mes cuiſſes.
Ce bel exploit achevé, il me vomit dans
ſa rage toutes les horreurs imaginables.
Je les écoutois avec d'autant moins d'impatience, que je me flatois de n'avoir
plus rien à redouter de ſes brutales en-
trepriſes.

Cependant les pleurs qui couloient de

mes

mes yeux, mes cheveux épars, ma gorge
nuë; en un mot, le désordre attendrissant
où j'étois ranimérent sa luxure. Il radou-
cit le ton, & me dit que si je voulois
me prêter de bonne grace avant que la
vieille revint, il me rendroit son affection : mais la crainte & la haine me tenant lieu de force, je le repoussai avec
une violence extrême, & m'étant saisie de
la sonnette, je la secoüai tant que la Servante monta.

Quoique Marthe fût accoûtumée dès long-
tems aux Scenes de cette espéce, elle ne
pût me voir ensanglantée & chiffonnée,
comme je l'étois sans émotion. De sorte
qu'elle le pria immédiatement de descen-
dre, & de me laisser reprendre mes sens,

                    lui

lui promettant que Madame Brown & Phœbé rajufteroient les chofes à leur retour...
qu'il n'y auroit rien de perdu pour laiffer
refpirer un peu la pauvre petite... qu'en
fon particulier elle ne favoit que penfer
de tout ceci; mais qu'elle ne me quitte-
roit pas que fa Maîtreffe ne fût rentrée.
Le vieux Singe voïant qu'il feroit inutile de
perfifter, fortit de la chambre plein de rage,
& me délivra de fon abominable figure.

Marthe jugea au pitoïable état où j'é-
tois que j'avois befoin de repos; elle me
dèshabilla fur le champ, & me mit au lit.
Mes deux Appareilleufes rentrérent à onze
heures, & fur le récit que ma libératrice
leur fit des procédés brutaux du faux
Coufin à mon égard; les perfides emploïé-
rent

rent tous les foins imaginables pour me raſſûrer & me tranquiliſer l'eſprit. Cependant elles ſe flatoient que ce n'étoit que partie remiſe, & que je leur ferois gagner tôt ou tard le reſtant du marché: mais heureuſement, je n'en eus que la peur. Le lendemain au ſoir j'appris avec une joïe extrême que l'Homme en queſtion venoit d'être arrêté pour dettes. Nôtre Mére Abbeſſe perſuadée par le mauvais ſuccès de cette prémière épreuve, qu'il faloit avant de faire de nouvelles tentatives eſſaïer d'adoucir mon humeur ſauvage, crut que le plus ſûr moïen étoit de me livrer aux inſtructions d'une troupe de Femelles qu'elle enretenoit à la maiſon. Conformement à ce beau projet

elles

elles eurent toutes la liberté de me voir.

En effet l'air délibéré de ces Créatures, leur gaîté, leur étourderie me gagnérent tellement le cœur, qu'il me tardoit d'être agrégée parmi elles. La timide retenuë, la modeftie, la pureté de mœurs que j'avois aportées de mon village fe diffipérent en leur compagnie comme la rofée du matin difparoît aux raïons du foleil.

Madame Brown, me gardoit pourtant toûjours fous fes yeux jufqu'à l'arrivée d'un Seigneur avec qui elle dévoit trafiquer de ce joïau frivole qu'on prife tant, & que j'aurois donné pour rien au premier crocheteur qui auroit voulu m'en débaraffer; car dans le court efpace que j'avois été livrée à mes compagnes, j'étois devenuë fi bonne

théo-

théoricienne, qu'il ne me manquoit que l'occafion pour mettre leurs leçons en pratique. Jufque là je n'avois encore entendu que des difcours : je brûlois de voir des chofes; le hazard me fatisfit fur cet article lorfque je m'y attendois le moins.

Un jour vers le midi que j'étois dans une petite garde robe obfcure féparée de la chambre de Madame Brown, par un porte vitrée j'entendis je ne fai quel bruit qui excita ma curiofité. Je me gliffai doucement & me poftai de façon que je pouvois tout voir fans être vuë. C'étoit notre réverende mére Prieure elle même fuivie d'un jeune Grénadier à Cheval, grand, bien découplé, & felon les apparences, un héros dans les joïeux ébats.

Je

Je n'ofois faire le moindre mouvement, ni refpirer de peur de manquer par mon imprudence l'occafion d'un fpectacle que je foupçonnois devoir être fort interreffant. Mais la paillarde avoit l'imagination trop pleine de fon objet préfent pour que toute autre chofe fut capable de la diftraire. Elle s'étoit affife fur le pié du lit, vis-à-vis la porte de la garde robe d'où je ne perdis pas un coup d'œil de fes monftrueux & flafques appas. Son champion avoit l'air d'un vivant de bon appétit & expéditif. En effet, il pofa fans cérémonie fes larges mains fur les effroïables mamelles ou plu- tôt fur les pefantes & longues calbaces de la mére Brown. Après les avoir patinées quelques inftants avec autant d'ardeur que ſi elles en avoient valu la peine, il la jetta bruſquement à la renverſe & couvrit de ſes cotillons ſa face bourgeonnée. Tandis que le drôle ſe débrailloit & mettoit culotte bas, mes yeux eurent le loiſir de faire la revuë des plus énormes choſes qu'il ſoit poſſible de voir & qu'il n'eſt pas aiſé de définir. Qu'on ſe repréſente une pair de cuiſſes courtes & graſſes d'un volume inconcevable terminées en haut par une horrible échancrure hériſſée d'un buiſſon épais de crin noir & blanc, on n'en aura encore qu'une idée imparfaite. Mais voici ce qui occupa toute mon attention. Le héros produiſit au grand jour cette merveilleuſe & ſuperbe piéce qui m'avoit été inconnuë juſqu'à lors, & dont le coup d'œil ſimpati-

que

que me fit fentir des chatouïllements pref-
qu'auffi délectables que fi j'en euffe réelle-
ment joüi. Madame Brown, l'empoigna &
l'aïant placée à l'entrée de fon effroïable
embrafure, le Gars fe laiffa tomber fur elle. Auffi-tôt les fecouffes du lit, le bruit
des rideaux, leurs foupirs mutuels m'annoncérent qu'il avoit donné dans le but.
La vuë d'une fcène fi touchante porta le
coup mortel à mon innocence.

Pendant la chaleur de l'action je gliffai
ma main fous ma chemife & pénétrant du
bout du doigt le réduit des voluptés auffi
avant que je le pûs, je tombai tout à coup
dans cette delicieufe extafe où la nature
accablée de plaifir femble fe confondre &
s'anéantir.

Quand

Quand j'eûs aſſez repris mes ſens pour être attentive au reſte de la fête. J'aperçûs la vieille futaille embraſſant comme une forcénée ſon Grénadier, qui paroiſſoit en cet inſtant plus rebuté que touché de ſes careſſes. Mais une raſade d'eſprit de geniévre qu'elle lui fit avaler & certain mouvement officieux d'un poignet adroit & ſouple lui rendirent bientôt ſon premier état. Alors j'eûs tout le loiſir de remarquer le mécaniſme admirable de cette machine eſſentielle de l'Homme, dont je vis diſtinctement & à ma grande ſatisfaction la ſeconde épreuve.

Avant de le congédier Madame Brown, lui mit trois ou quatre guinées dans la main. Le drôle étoit non ſeulement ſon

C 5

fa-

favori; mais celui de toute la Maiſon. Elle avoit eu grand ſoin de me tenir cachée
de crainte qu'il n'eut pas la patience d'attendre l'arrivée du Seigneur à qùi mes pre-
mices étoient deſtinées; car on ne ſe ſeroit
point aviſé de lui diſputer ſon droit d'au-
baine.

Auſſi-tôt qu'ils furent deſcendus je volai
à ma chambre où m'étant renfermèe, je
me livrai intérieurement aux douces émo-
tions qu'avoit fait naître en mon cœur le
ſpectacle, dont je venois d'être témoin. Je
me jettai ſur mon lit dans une agitation inſuportable, & ne pouvant réſiſter au feu
qui me dévoroit, j'eus recours à la triſte
reſſource du manuel des ſolitaires : mais
malgré mon impatience, la douleur que
l'in-

l'intromiſſion de mon doigt me fit m'empêcha de pourſuivre juſqu'à ce que Phœbé
m'eût donné là - deſſus de plus amples inſtructions.

Quand nous fûmes enſemble je la mis
ſur cette voïe en lui faiſant un narré fidéle
de ce que j'avois vû.   Elle me demanda
quel effet cela avoit produit en moi.   Je
lui avoüai naïvement que j'avois reſſenti
les deſirs les plus violents : mais qu'une
choſe m'embaraſſoit beaucoup.   Et qu'eſt-
ce que c'eſt, dit - elle, que cette choſe ?
„ Eh! mais, répondis je, cette terrible ma-
„ chine qui m'a paruë pour le moins auſſi
„ groſſe que mon poignet & longue de
„ plus d'un pié, comment eſt - il poſſible
„ qu'elle puiſſe entrer ſans me faire mou-
                                            „ rir

,, rir de douleur, puisque vous savez bien
,, que je ne saurois y soufrir même le pe-
,, tit doigt?... A l'égard de celui de ma
,, Maitresse & du vôtre, je conçois aisé-
,, ment par leurs dimentions que vous ne
,, risquez rien. Enfin quelque délectable
,, qu'en soit le plaisir, je crains d'en faire
,, l'essai.

Phæbé me dit en riant qu'elle n'avoit
pas encore ouï personne se plaindre qu'un
semblable instrument eût jamais fait de
blessures mortelles en ces endroits là, &
qu'elle en connoissoit d'aussi jeunes & d'aussi
délicates que moi qui n'en étoient pas mor-
tes... qu'à la vérité nos bijoux n'étoient pas
tous de la même mesure; mais qu'à un certain âge après quelque tems d'exercice, cela

pré-

prêtoit comme un gant: qu'au-reste si celui là me faisoit peur, elle m'en procure-
roit un d'une taille moins monstrueuse.
,, Vous connoissez, poursuivit-elle, Polly
,, Philips. Un jeune Italien l'entretient ici,
,, & vient la voir deux ou trois fois la
,, semaine. Elle le reçoit dans le petit
,, cabinet du prémier étage. on l'attend
,, demain. Je veux vous faire voir ce qui
,, se passe entr'eux d'une place qui n'est
,, connuë que de Madame Brown & moi.

Le jour suivant, Phœbé ponctuelle à
remplir sa promesse me conduisit par
l'escalier dérobé dans un petit réduit ob-
scur d'où nous pouvions voir sans être
vûës. Les Acteurs parurent bien-tôt, &
après de mutuelles embrassades de part &

d'aud'autre , le jeune Homme ſe dèshabilla juſqu'à la Chemiſe. Polly à ſon exemple en fit autant avec toute la diligence poſſible. Alors, comme s'il eût été jaloux du linge qui la couvroit encore, il la mit en un clin d'œil toute nuë & expoſa à nos regards les membres les mieux proportionnés & les plus beaux qu'il fut poſſible de voir.

Polly n'avoit pas plus de dix ſept ans. Les traits de ſon viſage étoient réguliers délicats & doux. Sa gorge étoit blanche comme la neige, parfaitement ronde, & aſſez ferme pour ſe ſoûtenir d'elle même ſans aucun ſecours artificiel : deux charmants Boutons de Corail diſtants l'un de l'autre en faiſoient remarquer la ſéparation.

On

On voïoit enfuite un ventre plus poli que l'Ivoire au bas du quel paroiſſoit à peine une petite ouverture qui ſembloit füir par modeſtie & ſe cachoit entre les plus belles cuiſſes du monde. Un jeune duvet épais & noir en ombragéoit le délicieux orifice. en un mot, Polly étoit un vraï modèle de peinture & le triomphe des nudités.

L'Italien ne pouvoit ſe laſſer de la con-templer : ſes mains auſſi avides que ſes yeux la parcouroient de tous ſens. Pendant cet agréable badinage ſa chemiſe qui hauſſoit par devant faiſoit juger de la condition des choſes qu'on ne voïoit pas ; mais il les montra bien-tôt dans tout leur brillant en ſe dépoüillant à ſon tour du linge qui les ca-choit. Ce jeune étranger pouvoit avoir a-

lors

lors environ vingt deux ans : il étoit grand, bien-fait, taillé en hercule, & fans être beau, d'une figure fort revenante. Son joïeux inftrument fortoit avec pompe d'un taillis épais & frifé : fa roideur & fa groffeur extrême me firent friffonner de crainte pour la tendre petite partie qui alloit foufrir fes brufques affauts : car il avoit déja jetté la victime fur le lit, & l'avoit placée de façon que je voïois tout à mon aife. Ses cuiffes bien écartées découvroient à mes yeux le centre délectable des plaifirs, dont les lé-vres vermeilles formoient une efpèce de Lozange en miniature que le coloris de Ru-bens n'auroit pû imiter.

Alors Phæbé me pouffa doucement, & me demanda fi je croïois l'avoir plus petit :

mais

mais j'ètois trop attentive à ce que je voïois pour être capable de lui répondre. Le gars en ce moment aprochant du but son fier brandon ne menaçoit pas moins que de fendre la charmante enfant qui lui soûrioit & sembloit défier sa vigueur. Il le guida lui même en séparant du bout des doigts les lévres délicates de cette jolie fente, & après quelques coups, auxquels la combatante ripoſtoit, l'aïant introduit à moitié, il le retira pour le moüiller. Enfin il l'introduiſit de nouveau & le plongea juſqu'à la garde. L'aimable Polly laiſſa échaper en cet inſtant un profond ſoupir qui n'étoit rien moins qu'occaſionné par la douleur. Le héros pouſſe, elle répond en cadence à ſes mouvements : mais bien-tôt leurs tranſ-

ports

ports réciproques augmentent à un tel degré de violence, qu'ils n'obfervent plus aucune mefure.   Leurs fecouffes étoient trop rapides & trop vives, leurs baifers trop ardents pour que la nature y pût fuffire : ils étoient confondus anéantis l'un dans l'autre. „ Ah! ah! ... je n'y faurois tenir .... „ c'en eft trop .... j'évanouïs ... j'expi- „ re... je meurs ''.   c'étoient les expreffions entre - coupées qu'ils lachoient mutuellement dans cette douce agonie.   Le Champion en un mot faifant fes derniers efforts annonça pas une langueur fubite répanduë dans tous fes membres qu'il touchoit au plus délicieux moment.   La tendre Polly annonça qu'elle y touchoit auffi en jettant fes bras avec fureur & per-

dant

dant l'ufage de fes fens dans l'excès du plaifir.

Quand il fe fut retiré elle refta quelques inftans encore fans mouvemens, les cuif-fes toûjours écartées, au moïen de quoi il étoit aifé de difcerner une efpéce d'écume blanche fur le bord des Lévres de cette ré-cente bleffure dont le dedans le difputoit pour la couleur au plus beau carmin. Elle fortit de fon évanoüiffement à la fin, & fautant au cou de fon ami, il parut par les nouvelles careffes que la friponne lui pro-digua que l'effai qu'elle venoit de faire de fa vigueur ne lui avoit point déplû.

Je n'entreprendrai pas de décrire ce que je fentis pendant cette fcène: il fuffit que tu faches que je fus guérie de toutes mes

 fraïeurs,

fraïeurs, & que j'étois fi preffée de mes be-
foins, que j'aurois tiré par la manche le
premier homme qui fe feroit préfenté, pour
le fuplier de me débaraffer de ce poids qui
m'étoit déformais infuportable.

Phæbé quoique plus accoutumée que moi
à de femblables fêtes ne pût être témoin de
celle-ci fans être émuë.   Elle me tira doucement de ma place d'obfervation & me
conduifit du côté de la porte.   Là, faute
de chaife & de lit elle m'adoffa contre le
mur; & m'aïant levé les jupes, la luxurieu-
fe me mania cette partie où je fentois de fi
violentes irritations.   Le bout de fon doigt
fit un effet auffi prompt que le feu fur la
poudre.   Je lui laiffai dans la main une preuve de la force dont ce touchant fpectacle

m'am'avoit affectée. Alors satisfaite par le soulagement que je venois de recevoir, nous revînmes à notre poste.

L'Italien étoit assis sur le lit vis-à-vis de nous : Polly assise sur un de ses genoux le ténoit embrassé : leurs langues enflammées, colées l'une contre l'autre sembloient vouloir pomper le plaisir dans sa source la plus pure.

Pendant ce tendre badinage, Messire Jean Choüart avoit repris une nouvelle vie. Tantôt la folâtre Polly le pelotoit, le secoüoit comme font les petits enfants leurs hochets : tantôt elle le pressoit & le serroit entre ses cuisses : quelque fois elle le plaçoit entre ses charmants tetons comme un gros Bouton de Rose. Le jeune homme de son

côté après avoir épuifé en la careffant toutes les reffources de la luxure fe jetta tout
à coup à la renverfe & la tira fur lui. La
friponne empoigne le dard avec un courage héroïque & fe l'enfonce jufqu'à l'extrê-
mité. Elle demeura ainfi quelques inftants
joüiffant de fon attitude , tandis que le
paillard s'amufoit à lui claquer légérement
les feffes. Mais bien-tôt l'éguillon du plaifir les embrafant de nouveau , ce ne fut
plus qu'une confufion de foupirs & de mots
mal articulés. Il la ferre étroitement dans
fes bras; elle le ferre dans les fiens, la refpiration leur manque, & ils reftent tous deux,
fans donner aucun figne de vie, plongés
& abforbés dans la plus délicieufe extafe.

J'avoüe qu'il ne me fut pas poffible d'en-
voir

voir d'avantage: cette dernière fcène m'a-
voit tellement mife hors de moi même,
que j'en étois devenuë furieufe. Je faifis
Phæbé comme fi elle avoit eû de quoi me
fatisfaire.   Elle eût pitié de moi & me
faifant figne de la fuivre, nous nous reti-
râmes dans notre chambre.   La première
chofe que je fis fut de me jetter fur le lit:
ma compagne s'y étant mife auffi, me demanda fi je me fentois maintenant l'humeur guerriére aïant eû le tems de reconnoître l'ennemi.   Je ne lui répondis qu'en
foûpirant.   Elle me-prit alors la main, &
la conduifit fous fa chemife à l'endroit où
j'aurois voulu rencontrer le véritable objet
de mes defirs: mais ne trouvant qu'un ter-
rain plat & creux, je me ferois retirée bruf-

D 5   quement

quement fi je n'avois craint de la defobliger. Je me prêtai donc à fon caprice & lui laiffai faire de mes doigts ce qu'il lui plut. Quant à moi, je languiffois déformais pour quelque cho'e de plus folide & n'étois pas d'humeur à me contenter de cès amufements infipides, fi Madame Brown n'y pourvoïoit bien-tôt. Je fentois même qu'il me feroit bien difficile de différer jufqu'à l'arrivée de Mylord B.... quoi qu'on l'attendît inceffamment. Par bonheur je n'eus pas befoin de lui ni de fes préfents. L'amour lorfque je l'efpérois le moins difpofa de mon fort.

Deux jours après l'avanture du Cabinet m'étant levée par hazard plus matin qu'à l'ordinaire, & tout le monde dormant encore,

core, je defcendis pour prendre le frais dans un petit Jardin dont l'entrée m'étoit interdite quand il y avoit des chalands au logis. Je fus extrêmément furprife en voulant traverfer une falle de voir un jeune homme qui dormoit profondement dans le fauteüil. Je m'aprochai par un mouvement naturel aux femmes pour voir fa phifionomie. Mais, ô ciel! quel fpectacle! il n'eft pas poffible d'exprimer l'impreffion fubite que fit fur moi cette charmante vûë. Non, cher & doux objet de mes tendres inclinations, je n'oublirai jamais cet inftant fortuné où mes yeux émerveillés t'adorérent pour la première fois.... il me femble que je te revois encore dans la même attitude.

Fi-

Figure toi, ma bonne amie un garçon
de dix-huit à dix-neuf ans, fait au moule
& beau comme les Anges, ou plûtôt rapelle toi toutes les graces du Fils de Ve-
nus, & l'état raviſſant où la tendre Phſiché
le ſurprit lors qu'elle le trouva endormi.
Le cœur me battoit: je tremblois de tous
mes membres dans la perplexité où j'étois.
Je ne ſavois quel parti prendre. IJe n'aurois pas voulu pour tous les biens du monde laiſſer échaper l'occaſion de lui parler,
& cependant, je n'oſois tenter l'avanture,
tant j'étois retenuë par la crainte.   Enfin
mon amour m'enhardit.   Je lui pris doucement la main & l'éveillai.   Il parut d'a-
bord étonné & comme faché que j'euſſe
interrompu ſon ſomeil: mais après m'avoir

conſi-

considérée, il me demanda quelle heure il étoit. Je le lui dis, & ajoûtai que je craignois qu'il ne s'enrhumât en restant ainsi exposé à l'air. Il me remercia avec une douceur qui répondoit admirablement à celle de ses yeux. Il ne doutoit pas que je ne fusse une des pensionnaires du Bercail, & que je ne vinsse pour lui offrir mes services. néantmoins, soit qu'il craignît de m'offenser, & que sa politesse naturelle le retint dans les bornes de l'honêteté, il me parla le plus civilement du monde; & me donnant un baiser, il me dit que si je voulois passer une heure avec lui, je n'aurois pas lieu de m'en repentir. Quoique mon amour naissant m'y invitât, la crainte d'être surprise par les gens de la maison me retenoit.   Je

Je lui dis que pour des motifs que je n'avois pas le loifir de lui expliquer, je ne pouvois refter plus long-tems en fa compagnie, & que peut-être, je ne le reverrois de mes jours, ce que je ne pûs proferer fans laiffer échaper un foupir du fonds du cœur. Cet aimable garçon, qui, à ce que j'ai fçû depuis, n'avoit pas moins été frapé de ma figure que moi de la fienne, me demanda précipitamment fi je voulois qu'il m'entretînt, ajoûtant qu'il me mettroit en chambre fur le champ, & païroit ce que je devois dans la maifon. Quelque folie qu'il y eût à accepter une pareille offre de la part d'un inconnu, qui étoit trop jeune pour qu'on pût avec prudence fe fier à fes promeffes, le violent

amour,

amour, dont je me fentois éprife pour lui
ne me laiffa point le tems de délibérer.
Je lui répondis toute tremblante que je
me jettois entre fes bras, & m'abandon-
nois aveuglement à lui, foit qu'il fût fin-
cére ou non. Il y avoit déja quelque
tems que pour ne pas courir les mauvais
hazards de la Ville, il cherchoit une Fille qui lui convînt : ma bonne fortune
voulût qu'il me trouvât à fon gré, & que
nous fiffions immédiatement le marché.

Notre petit plan fût que je m'échape-
rois le jour fuivant vers les fept heures
du matin, & qu'il m'attendroit dans un
caroffe au bout de la ruë. Je lui recom-
mandai de ne pas donner à connoîrre
qu'il m'eût vûe, pour des raifons que je

lui

lui dirois à loifir. Enfuite, de peur de faire échoüer notre projet par indifcrétion,
je m'arrachai de fa préfence & remontai
fans bruit à ma chambre. Phœbé dormoit encore: je me dèshabillai promptement, & me remis au lit le cœur mêlé
de joïe & d'inquiétude.

Cependant le feul efpoir de fatisfaire
ma flame diffipa petit à petit toutes mes
craintes. Mon ame étoit tellement occupée de cet adorable objet, que j'aurois
verfé tout mon fang pour le voir, & joüir
de lui un inftant. Il pouvoit faire de
moi ce qu'il vouloit: ma vie étoit à lui:
je me ferois cruë trop heureufe de mourir
d'une main fi chére.

Je paffai dans de femblables réfléxions

ce jour-là, qui me parût une éternité. Combien de fois ne me prit-il pas envie d'avancer la Pendule, comme si ma main eût pû hâter le tems? Je suis surprise que les gens de la maison ne remarquérent pas quelque chose d'extraordinaire en moi; surtout lorsqu'à diner on vint à parler de cet adorable mortel qui avoit déjeûné au logis. Ah! s'écrioient mes compagnes qu'il est beau! qu'il est complaisant, doux & poli! elles se seroient arraché le bonnet & les yeux pour lui. Je laisse à penser si de pareils discours diminuoient le feu qui me consumoit. Néantmoins l'agitation où je fus toute la journée produisit un bon effet. Je dormis assez bien jusqu'à cinq heures du matin. Je me glissai inconti-

nent

nent hors du lit, & m'étant habillée en un clin d'œil, j'attendis avec autant d'impatience que de crainte le moment heureux de ma délivrance. Il arriva enfin, ce délicieux moment. Alors encouragée par l'amour, je defcendis fur la pointe du pié, & gagnai la porte dont j'avois efcamoté la clef à Phæbé. Dès que je fus dans la ruë, je découvris mon Ange tutelaire qui m'attendoit. Voler comme un trait à lui : fauter dans le caroffe : me jetter à fon cou; & foüete cocher : Tout cela ne fut qu'un.

Un torrent de larmes les plus douces que j'aïe verfées de ma vie, coula immédiatement de mes yeux. Mon cœur étoit à peine capable de contenir la joïe que je reffentois de me voir entre les bras d'un fi

beau

beau garçon. Il me juroit chemin faisant
dans les termes les plus paſſionnés qu'il ne
me donneroit jamais ſujet de regréter la
démarche où il m'avoit embarquée. Mais,
hélas! quel mérite y avoit-il dans cette de-
marche? n'étoit-ce pas mon penchant qui
me l'avoit fait faire?

En quelques minutes (car alors les heures n'étoient plus rien pour moi) nous
deſcendîmes à Chelſea dans une fameuſe
taverne réputée pour les parties fines.
Nous y déjeûnâmes avec le maître de la
maiſon qui étoit un réjoüi du vieux tems,
& parfaitement au fait du négoce. Il nous
dit d'un ton gaï, & en me regardant mali-
cieuſement qu'il nous ſoûhaitoit ſatisfaction entière. Que ſur ſa foi, nous étions bien

 appa-

appariés: que grand nombre de Meſſieurs & Dames fréquentoient ſa maiſon : mais qu'il n'avoit jamais vû un plus beau couple: qu'il jureroit que j'étois du fruit nouveau; que je paroiſſois ſi fraiche, ſi innocente: & qu'en un mot mon compagnon étoit un heureux mortel. Ces éloges, quoique groſſiers, me plurent infiniment, & contribuérent à diſſiper la crainte que j'avois de me trouver ſeule à la diſcrétion de mon nouveau Souverain; crainte où l'amour avoit plus de part que la pudeur. Je ſouhaitois; je brûlois d'impatience : je ſerois morte pour lui plaire, & pourtant je ne ſais comment, ni pourquoi je craignois le point capital de mes plus ardents deſirs. Ce conflit de paſſions différentes: ce combat

bat entre l'amour & la modestie me fit pleurer de rechef. Dieux! que de pareilles situations sont intéressantes pour de vrais Amants!

Après déjeûner, Charles, c'étoit le nom du prétieux objet de mes adorations, avec un souris mistérieux me prit par la main, & me dit qu'il me vouloit montrer une chambre d'où l'on découvroit la plus belle vûë du monde. Je me laissai conduire en haut dans un apartement dont le prémier meuble qui me frapa fût un lit qu'il sembloit qu'on eut garni pour une Reine.

Charles aïant fermé la porte au veroüil me prit entre ses bras, & la bouche colée sur la mienne m'étendit toute tremblante de desirs & d'effroi sur cette pom-

E 3

peuse

peufe couche. Son ardeur impatiente ne lui permit pas de me dèshabiller, il fe contenta de ma délacer & de m'ôter mon mouchoir.

Alors ma gorge nuë qu'une refpiration embaraffée, & mes foupirs brûlants faifoient lever, offrit à fes yeux deux tetons tels qu'on fe les peut figurer chez une Fille de feize ans, nouvellement arrivée de la campagne, & qui n'avoit jamais connu perfonne. Leur rondeur parfaite, leur blancheur, leur fermeté n'étant pas capables de fixer fes mains, il les porta tout à coup fous mes jupes & découvrit le centre d'attraction. Cependant, je ferrai machinalement les cuiffes ; mais le fripon aïant infinué doucement fes doigts entre

deux

deux, je les ouvris fans réfiftance, & le laiffai Maître du Champ de Bataille. Comme je n'avois pas fait en cette conjoncture toutes les façons qu'exige la bienféance, il s'imagina que je n'étois rien moins que novice, & que je ne poffédois plus ce frivole joïau que les Hommes ont la folie de rechercher avec tant d'ardeur. Néantmoins, cette idée defavantageufe ne rallentit point fon empreffement, il tira fon Priape & le pouffa de toutes fes forces, croïant le lancer dans une voïe déja fraïée. Alors je fentis pour la prémière fois le frotement de cette noble machine. Mais, quelle fut fa furprife, quand après maintes vigoureufes attaques qui me cauférent une douleur des plus aiguës, il

E 4

vit

vit qu'il ne faifoit pas le moindre progrès. „ Ah! lui difois-je tendrement, je ne
„ le puis foufrir... non, en vérité je ne le
„ puis . . . il me bleffe . . . . il me tuë ".
Charles ne crut pas autre chofe, fi-non,
qu'il l'avoit trop gros, & moi trop petit;
car il ne pouvoit pas fe perfuader que je
fuffe encore pucelle.

Il fit inutilement une feconde tentative
qui me caufa plus d'angoiffes qu'auparavant; mais de peur de lui déplaire j'étou-
fois mes plaintes de mon mieux. Enfin
aïant effaïé plufieurs femblables affauts
fans fuccès, il s'étendit à côté de moi
hors d'haleine, & féchant mes larmes par
mille baifers humides & brûlants , il me demanda avec tendreffe fi je ne l'avois pas

mieux

mieux foufert des autres que de lui ? je lui répondis d'un ton de fimplicité perfuafif qu'il étoit le prémier Homme que j'euffe jamais connu. Charles déja difpofé à me croire parce qu'il venoit d'éprouver me mange de careffes, me fuplie au nom de l'amour d'avoir un peu de patience & m'affûre qu'il fera tout fon poffible pour ne me point faire de mal.

Hélas! c'étoit affez que je fçûffe lui faire plaifir pour confentir à tout avec joïe quelque douleur que je préviffe qu'il me fît foufrir.

Il revint donc à la charge; mais avant, il mit un couple d'oreillers fous mes reins pour donner plus d'élévation au but où il vouloit fraper. Enfuite me hauffant les

E 5   cuiffes

cuisses sur ses hanches ; il marque du doigt sa visée : & s'élançant tout à coup avec furie, la prodigieuse roideur de son membre brise l'union de cette tendre partie, & pénétre justement à l'entrée des lévres. Alors s'apercevant du petit progrès qu'il vient de faire, il reprend courage & précipitant ses coups en direction, il force le détroit, ce qui me causa une douleur si cuisante, que j'aurois crié au meurtre si je n'avois apréhendé de le facher. Je retins mon haleine & serrant mes jupes entre mes dents, je les mordois pour faire diversion au mal que je soufrois. A la fin les barrières dé icates de ce charmant sentier aïant cédé à de si violents efforts, il pénétra plus avant.

Le

Le cruel en cet inftant ne fe poffedant plus fe précipite avec rage, il déchire, il brife tout ce qui fe rencontre, & couvert & fumant du fang de fa victime, il parvint au bout de la carrière. J'avoüe qu'aux dernières fecouffes la force me manqua: je criai comme fi l'on m'eût égorgée & perdis entièrement connoiffance.

Quelques moments après, quand j'eus repris mes fens, je me trouvai au lit toute nuë entre les bras de mon adorable meurtrier. Je le regardai languiffamment, & lui demandai par manière de reproches, fi c'étoit là la récompenfe de mon amour? Charles à qui j'étois devenuë plus chére par le triomphe qu'il venoit de remporter me dit des chofes fi touchantes que le plaifir de le

voir

voir, & de penser que je lui apartenois effaça dans la minute jusqu'au moindre souvenir de mes soufrances.

L'Accablement où je me trouvois ne me permettant pas de me lever, nous dinâmes au lit. Néantmoins une aîle de poulet que je mangeai d'assez bon appetit & deux ou trois verres de Vin me remirent en état de suporter une nouvelle épreuve. Mon amant ne tarda pas à s'en appercevoir par les transports & la tendre fureur avec lesquels je me livrai à ses embrassemens. Il insinua ses cuisses entre les miennes, & s'élançant de rechef, il élargit, perça la voïe, non sans me faire encore beaucoup soufrir ; mais j'étouffai mes cris & suportai l'opération en véritable héroïné. Cependant, quelques foupirs languiffants qui lui échapérent, un doux friffon qui lui prit m'annoncérent qu'il touchoit au fouverain plaifir que la douleur toûjours trop cuifante m'empêchoit de partager.

Ce ne fut qu'après quelques affauts de plus que je commençai à entrer goût. Tandis que nous nous amufions ainfi, l'heure du fouper arriva. Nous mangeâmes à proportion du fatiguant exercice que nous avions pris. Pour moi, j'étois fi tranfportée de joïe en comparant mon bonheur actuel avec l'infipide genre de vie que j'avois mené ci-devant, que je n'aurois pas crû l'avoir achepté trop cher, quand fa durée n'eût été que d'un moment. La joüiffance préfente étoit tout ce qui rempliffoit ma petite cervelle. En-

fin,

ûn, la nature qui avoit befoin de réparation nous aïant invité au repos, nous nous endormîmes. Mon fomeil fut d'autant plus délectable que je le paffai dans les bras de mon amant.

Quoique je m'éveillaffe le lendemain fort tard, Charles dormoit encore profondément. Je me levai le plus doucement que je pûs & me rajuftai de mon mieux. Ma toilette achevée ; je m'affis au bord du lit pour me repaître du plaifir de contempler mon Adonis. Il avoit fa chemife roulée jufqu'au coû. Mes deux yeux & ceux d'Argus n'auroient pas été trop pour joüir pleinement d'une vûë fi raviffante. Je ne faurois croire que l'Apollon du Vatican fi vanté par les connoiffeurs fût mieux propor-

tionné

tionné ni plus beau. Quand après l'avoir
regardé en gros je voulus le détailler, mes
regards se fixérent principalement sur ce
terrible membre qui peu de tems auparavant m'avoit causé tant de douleur. Mais
qu'il étoit méconnoiffable alors! il repo-
foit languiffamment fur une de fes cuiffes,
la tête retirée dans fon béguin & paroiffant
incapable des cruautés qu'il avoit commifes.
Néantmoins, tout différent que je le trouvois de l'état pompeux où je l'avois vû, il
m'enflama l'imagination à tel degré, que je
ne pûs m'abftenir de porter la main fous
ma chemife & de confidérer la différence
qu'il y a entre la pucelle & la femme. Tandis que j'étois occupée à cet intéreffant
examen Charles s'éveilla, & fe tournant vers

moi

moi me demanda avec douceur comment j'avois repofé; & fans attendre ma réponfe m'imprima fur la bouche un baifer tout de feu. Incontinent après, il me trouffa jufqu'à la ceinture pour fe récréer à fon tour du fpectacle de mes charmes nuds & fe donner la fatisfaction d'examiner le dégat qu'il avoit fait. Ses yeux & fes mains fe délectoient à l'envi. De tendres exclamations fans ceffe interrompuës par fes foupirs faifoient mieux l'éloge de ce qu'il voïoit que tout ce qu'il eut pû dire de plus éloquent. Cependant, fa machine levant fiérement la crète reparut dans tout fon éclat. Il la confidére un inftant avec complaifance; enfuite il veut me la mettre en main. D'abord un refte de honte me fit faire

quel-

quelque difficulté de la prendre ; mais mon inclination étant la plus forte, je l'empoignai en rougiſſant , & ma hardieſſe augmentant à proportion du plaiſir que je reſſentois , je la maniai, & toutes ſes dépendances avec une avidité extrême. La douce chaleur de ma main rendit bien-tôt mon amant intraitable, il me retira d'entre les doigts ce précieux joïau, & le plongea de rechef dans ma bleſſure alors ouverte pour la vie. Je n'y ſentis preſque plus de douleur. Toutes les membranes que la violence de ſes aſſauts avoient dilatées, obéïſſantes & ſouples maintenant ne ſembloient ſe reſſerrer que pour donner du plaiſir & en recevoir.

S'il eſt vrai que l'on meurt quelque-fois

de

de joïe, c'eſt un miracle que je n'aïe point expiré dans de ſi délicieuſes agonies.

L'excès de la joüiſſance aïant à la fin calmé nos tranſports, nous nous mîmes à parler d'affaires. Charles m'avoüa naïvement qu'il étoit né d'un pére indigent de qui il n'avoit eû qu'une bien médiocre éducation. Le pauvre Enfant étoit parvenu juſqu'à l'âge de raiſon dans une ſi parfaite indolence qu'il n'avoit jamais eu la penſée de prendre aucun parti. Sa grand' mére du côté maternel l'entretenoit dans cette vie oiſive par une complaiſance aveugle pour ſes fantaiſies. La bonne femme joüiſſant d'un revenu aſſez conſidérable en viager fourniſſoit amplement à ſes beſoins; moïennant quoi il ſe trouvoit en état de ſuporter

les

les dépenfes d'une Maitreffe. Le pére qui avoit des paffions que la médiocrité de fa fortune l'empêchoit de fatisfaire, étoit fi jaloux du bien que cette tendre Parente faifoit à fon Fils, qu'il réfolut de s'en venger, & n'y réüffit que trop comme tu le verras bien-tôt.

Cependant, Charles qui vouloit férieufement vivre avec moi & fans trouble, me quitta l'après diner pour aller concerter avec un Avocat de fa connoiffance des moïens d'empêcher Madame Brown de nous inquiéter. Sur le récit qu'il lui fit de la manière dont elle m'avoit féduite, le Jurifconfulte trouva que loin de chercher à s'accommoder, il falloit en exiger fatisfaction. La chofe ainfi arrêtée, ils fe tranf-

porté-

portérent chez cette Mére Abbeſſe. Les Filles de la maiſon qui connoiſſoient Charles, & croïoient qu'il leur amenoit quelqu'un à plumer le reçûrent avec toutes les démonſtrations de civilité requiſes en pareil cas : mais elles changérent bien-tôt de ton, lorſque l'Avocat prenant un air auſtere déclara qu'il vouloit parler à la Vieille avec laquelle il diſoit avoir une affaire à régler.

Suivant ſa Requête, Madame parût, & les Demoiſelles ſe retirérent. Auſſi - tôt l'Homme de loi lui demanda ſi elle n'avoit pas connu ou pour mieux dire trompé une jeune fille nommé Fanny Hill ſous prétexte de la loüer en qualité de ſervante ? La Brown dont la conſcience n'étoit pas des

plus

plus nettes fut effraïée à cette question in-attenduë, & sur-tout quand les termes de Prison, de Pilory & de foüet frapérent son oreille. Enfin, pour abréger l'Histoire, el-le crut en être quitte à bon marché de leur remettre en main ma boîte & mes petits effets.

Charles enchanté d'avoir terminé si heu-reusement ce procès, revint entre mes bras recevoir la récompense des peines qu'il s'étoit données. Nous passâmes en-core la nuit à Chelsea, & le lendemain il me mena dans un Appartement garni ruë St. James. La Maitresse du Logis Mada-me Jones nous y reçût; & avec une volu-bilité de langue étonnante nous en expliqua toutes les commodités. Elle nous dit que sa

fer-

ſervante nous ſerviroit avec zéle... que les gens de la prémière qualité·avoient logés chez elle... qu'un Sécrétaire d'Ambaſſade & ſa Femme occupoient le prémier étage... que je paroiſſois une Dame bien aimable... Charles avoit eu la précaution de dire à cette Babillarde que nous étions mariés ſécretément, ce qui, je crois, ne l'inquiétoit guére pourvû qu'elle loüât ſes chambres.

Pour te donner une légére eſquiſſe de ſon portrait: c'étoit une Femme d'environ quarante-ſix ans, grande, maigre, rouſſe & de ces figures triviales que l'on rencontre par-tout. Elle avoit été entretenuë dans ſa jeuneſſe par un Gentil-Homme qui à ſa mort lui avoit laiſſé cinquante livres ſter-
ling

ling de rente en faveur d'une fille qu'il en avoit eûë, & qu'elle avoit venduë à l'âge de dix-sept ans. Indifférente naturellement à tout autre plaisir qu'à celui de grossir son fonds à quelque prix que ce fut, elle s'étoit jetté dans les affaires privées, en quoi, grace à son extérieur modeste & décent elle avoit souvent fait d'excellents hazards. En un mot, pour de l'argent elle étoit ce qu'on vouloit; prêteuse sur gage, receleuse, entremetteuse. Quoique la vieille Gaupe eût dans les fonds une grosse somme, elle se refusoit le nécessaire, & ne subsistoit que de ce qu'elle écornifloit à ses logeurs.

Pendant que nous fûmes sous les griffes de cette Harpie, elle ne laissa pas échaper

 une

une feule petite occafion de nous tondre,
ce que Charles par fon indolence naturelle
aima mieux foufrir que de prendre la peine de déloger.

Quoiqu'il en foit, je paffai dans cette
maifon les plus délicieufes heures de ma
vie: j'étois avec mon bien aimé: je trouvois en fa compagnie tout ce que mon cœur
pouvoit fouhaiter. Il me ménoit à la Comédie, au Bal, à l'Opera; mais dans ces
brillantes & tumultueufes affemblées je ne
voïois que lui. Il étoit mon Univers, &
tout ce qui n'étoit pas lui n'étoit rien pour
moi.

Lorfque nous donnions quelque relâche
à la vivacité de nos plaifirs, Charles s'en faifoit un de m'inftruire felon l'étenduë de fes

con-

connoiſſances. Je recevois comme des Oracles toutes les paroles qui ſortoient de ſon adorable bouche, & j'en gravois dans mon cœur juſqu'aux moindres ſyllabes.

Je peux dire ſans vanité que ſes ſoins ne furent pas infructueux. Je perdis en moins de rien mon air campagnard & mon mauvais accent: tant il eſt vraï qu'il n'eſt pas de meilleur Maître que l'amour & le déſir de plaire.

Comme je ne ſortois jamais ſans mon amant & reſtois le plus ſouvent au logis, Jones me faiſoit de fréquentes viſites. La pénétrante commére ne fut pas long-tems à découvrir que nous avions fruſtré l'Egliſe de ſes droits, ce qui ne lui déplût pas, eû égard aux deſſeins qu'elle avoit ſur moi:

F 5

infa-

infames deffeins, hélas! qu'elle ne trouva que trop tôt occafion d'exécuter.

Je vivois depuis onze mois avec cette chère Idole de mon ame & j'étois groffe de trois lorfque le coup funefte & inattendu de notre féparation arriva. Je pafferai rapidement fur ces particularités dont le feul fouvenir me fait friffonner & me glace le fang.

J'avois déja langui deux jours ou plûtôt une éternité fans entendre de fes nouvelles: moi qui ne refpirois, qui n'exiftois qu'en lui, & qui n'avois jamais paffé vingt quatre heures fans le voir. Le troifième jour mon impatience & mes allarmes augmentérent à un tel degré que je n'y pûs tenir plus long-tems. Je me jettai aux genoux de Mada-

me

me Jones la fupliant d'avoir pitié de moi, &
de me fauver la vie en tachant au plûtôt de
découvrir ce qu'étoit devenu celui qui pouvoit feul me la conferver. Elle alla pour cet
effet dans une Taverne du voifinage où il
demeuroit & envoïa chercher la fervante
du logis dont je lui avois donné le nom.
Cette fille vint immédiatement, & Madame
Jones, lui aïant demandé fi Charles étoit
en Ville, elle répondit que fon pére l'avoit
envoïé à la Mer du Sud, & que le barbare
d'intelligence avec un Capitaine de Vaiffeau
avoit fi bien concerté fes mefures que le
pauvre mal-heureux étant allé à bord du
navire, y avoit été arrêté & gardé comme
un criminel fans pouvoir écrire à perfonne.

L'Artificieufe Jones revint incontinent a-
près

près me plonger le poignard dans le sein en me difant qu'il étoit parti pour un voïage de quatre ans & que je ne devois pas m'attendre à le revoir jamais. Avant qu'elle eût proféré ces dernières paroles je tombai dans une foibleffe fuivie de convulfions fi terribles que je perdis en me débatant l'innocent & déplorable gage de notre amour. Je ne conçois pas, quand je me le rapelle que j'aïe pû réfifter à tant de calamités & de douleurs. Quoiqu'il en foit à force de foin on me conferva un odieufe vie, qui à la place de cette félicité in exprimable dont j'avois joüi jufqu'alors, ne m'offrit tout à coup que des horreurs & de la mifére.

Je reftai pendant fix femaines appellant

en

en vain la mort à mon fecours. Ma grande jeuneffe & mon tempérament robufte
prirent infenfiblement le deffus ; mais je
tombai dans un état de ftupidité & de defefpoir qui faifoit craindre que je ne devinf-
fe folle. Néantmoins le tems adoucit petit
à petit la violence de mes peines & en é-
mouffa le fentiment.

Mon obligéante hôteffe avoit eû foin
pendant tout cet intervalle que je ne man-
quaffe de rien ; & quand elle me crut dans
une condition à pouvoir répondre à fes
vûës, elle me félicita fur mon heureux ré-
tabliffement en ces termes. ,, Grace à Dieu
,, Mademoifelle Fanny, votre fanté n'eft
,, pas mauvaife a préfent : vous êtes la Mai-
,, treffe de refter chez moi tant qu'il vous
,, plaira :

„ plaira : vous favez que je ne vous ai rien
„ demandé depuis long-tems ; mais fran-
„ chement, j'ai une dette à laquelle il faut
„ que je fatisfaffe fans différer ”. Et après
ce bref exorde, elle me préfenta un arrêté
de compte pour logement, nouriture & A-
pothicaire, &c. fomme totale, vingt trois
livres fterling & fix foûs ; ce que la perfide,
qui connoiffoit le fonds de ma bourfe favoit bien que je ne pouvois pas païer : en
même tems elle me demanda quels arran-
gements je voulois prendre. Je lui répondis fondant en larmes que j'allois vendre le
peu de hardes que j'avois, & que fi je ne
pouvois pas faire toute la fomme, j'efpérois qu'elle auroit la bonté de me donner
du tems. Mais, mon malheur favorifant

fes

ſes lâches intentions, elle me répondit froi-
dement que quoiqu'elle fût touchée juſqu'au
fonds de l'ame de mon infortune, l'état
actuel de ſes affaires la mettroit dans la
cruelle néceſſité de m'envoïer en priſon. A
ce mot de Priſon tout mon ſang ſe glaça,
& je fus tellement épouvantée, que je de-
vins auſſi pâle qu'un criminel à la vuë du
lieu de ſon exécution.

Cette méchante femme qui craignoit que
ma fraïeur ne rüinât ſes deſſeins en me faiſant retomber malade, commença à ſe ra-
doucir, & me dit que ce ſeroit ma propre
faute ſi elle en venoit à de ſemblables ex-
trêmités; mais que l'on pouvoit trouver un
honête homme dans le monde aſſez géné-
reux pour terminer cette affaire à notre ſatisfaction

tisfaction mutuelle, & qu’il en viendroit un cet après diner prendre le thé avec nous qui fûrement feroit fort aife de me rendre fervice. A ces mots, je reftai muette, confonduë. Cependant Madame Jones aïant ainfi arrangé fon plan jugea apropos de me laiffer quelques moments à mes réflexions. Je demeurai près d’une heure abimée dans les idées les plus horribles que la crainte, la trifteffe & le defefpoir puiffent caufer. La Scélérate revint à la charge, & feignant d’être touchée de mes malheurs, elle me dit qu’elle vouloit me préfenter un honorable gentil-homme qui par fes fages avis me fourniroit les moïens de me tirer d’embarras. Après quoi, fans fe mettre en peine que je l’aprouvaffe ou non, elle fort, &

rentre

rentre immédiatement fuivie de cet honorable Monfieur dont elle avoit été en mainte
occurrence comme en celle-ci l'honorable
pourvoïeufe.   Il me fit une profonde révérence à la quelle je répondis auffi froide-
ment qu'il eft naturel de répondre aux ci-
vilités de quelqu'un qu'on ne connoît point.
Madame Jones, prénant fur elle de faire
les honeurs de cette prémière entrevûë lui
préfenta une chaife & en prit une pour elle
même. Cependant, pas un mot ni de part,
ni d'autre. Un regard ftupide & effaré étoit
l'interprête de la furprife où m'avoit jettée
cette étrange vifite.   Ma digne hôteffe enfin ne voulant pas perdre fon tems rompit
le filence.   ,, Allons, Mademoifelle Fanny dit elle, dans un ftile auffi rude que

G   ,, fa-

,, familier & d'un ton d'autorité : levez la

,, tête, mon enfant, ne laiſſez point dé-

,, truire un ſi joli minois par le chagrin.

,, Au bout du compte, le chagrin ne doit

,, pas être éternel. Allons, un peu de gaï-

,, té. Voici un honête Monſieur qui a en-

,, tendu parler de vos malheurs, & veut

vous faire plaiſir. Croyez moi, ne refu-

ſez pas ſa connoiſſance, & ſans vous pi-

quer d'une délicateſſe hors de ſaiſon, fai-

tes un bon marché tandis que vous le pou-

vez.

Mon inconnu qui vit aiſement qu'une

auſſi impertinente harangue étoit moins

propre à me perſuader qu'à m'irriter, lui fit

ſigne de ſe taire. Alors prenant la parole,

il me dit qu'il partageoit bien ſincérement

mon

mon affliction ; que ma jeuneffe & ma beauté méritoient un meilleur fort.. qu'il reffentoit depuis long-tems une violente paffion pour moi : mais que connoiffant mes engagements fecrets avec un autre, il les avoit refpectés aux dépens de fon repos, jufqu'à ce que la nouvelle de mon defaftre en réveillant fon refpectueux amour l'avoit enhardi à venir m'offrir fes fervices, & que la feule faveur qu'il exigeât de moi étoit que je daignaffe les agréer. Tandis qu'il me parloit ainfi, j'eûs le tems de l'examiner. Il me parut un homme d'environ quarante ans, affez bien bati & d'une figure qui n'annonçoit pas une perfonne d'un rang médiocre. Je ne lui répondis qu'en verfant un torrent de larmes ; & ce fut un

bon-

bonheur pour moi que mes fanglots étoufaf-
fent ma voix , car je ne favois que lui dire.

Quoiqu'il en foit la fituation attendrif-
fante où il me vit le frapa jufques au fonds
du cœur. Il tira précipitamment fa bourfe
& païa fans différer tout ce que je devois
à Madame Jones. Il en prit une quittance
en bonne forme qu'il me força de garder.
Cette infame racoleufe n'eut pas plutôt
touché fon argent, qu'elle nous laiffa feuls.

Cependant le Cavalier qui n'étoit rien
moins que neuf dans de pareilles affaires,
s'approcha d'un air officieux , & du coin
de mon mouchoir m'effuïa les pleurs qui
me baignoient le vifage; après quoi, il s'a-
vantura de me donner un baifer. Je n'eûs
pas le courage de faire la moindre réfiftan-

ce,

ce, me regardant dès lors comme une marchandife qui lui étoit dévolûë par le déboursé qu'il venoit de faire. Infenfible-ment, il me mania la gorge. Enfin me trouvant docile au delà de fes efpérances, il fit de moi tout ce qu'il voulut. Quand il eut affouvi fa brutalité fans nul refpect pour ma déplorable condition, mes yeux fe deffillérent; & je gémis (trop tard à la vé-rité) de la honteufe foibleffe à laquelle je venois de fuccomber. Qui m'eut dit quel-ques inftants auparavant que je ferois in-fidéle à Charles, j'aurois été capable de le dévifager. Mais hélas nôtre vertu & notre fragilité ne dépendent que trop des circonf-tances où nous nous trouvons. Séduite comme je le fus à l'improvifte, trahie par

un

un efprit accablé fous le poids de fes afflictions, faifie des plus grandes fraïeurs à l'i-
dée feule de Prifon. Ce font des conjonctures bien délicates! & fans chercher à
m'excufer, il n'en eft guére qui pût répondre de ne pas commettre la même faute
dans un cas pareil. Aurefte, comme il
n'y a que le prémier pas qui coûte, je crûs
que je n'étois plus en droit de refufer fes
careffes après ce qui s'étoit paffé. Suivant
cette réfléxion, je me regardai comme lui
appartenant. Néantmoins, il eût la complaifance de ne pas tenter fi - tôt la répéti-
tion d'une fcéne à laquelle je ne m'étois
prêtée que machinalement, & par un fentiment de gratitude. Content de s'être affû-
ré ma joüiffance, il voulût déformais s'en

ren-

rendre digne par ſes bons procédés, & ne devoir rien à la violence.

La ſoirée étant déja avancée, on vint mettre le couvert : & j'apris avec joïe que la Jones dont l'aſpect m'étoit devenu inſuportable ne ſeroit pas des nôtres.

Pendant le ſouper mon nouveau Maître après avoir emploïé les diſcours les plus perſuaſifs que la tendreſſe puiſſe ſuggérer pour adoucir mes ennüis, me dit qu'il s'apelloit H. . . . . . . Frère du Comte de L. . . . . ., que mon hôteſſe l'avoit engagé à me voir, & que m'aïant trouvée extrêmement aimable, il l'avoit priée de lui procurer ma connoiſſance : qu'en un mot il s'eſtimoit trop heureux que la choſe eut réüſſi ſelon ſes deſirs ; & qu'il me

pro·

proteftoit que je n'aurois jamais fujet de me repentir des complaifances que j'aurois pour lui.

Pendant qu'il me parloit ainfi, j'avois mangé deux aîles de Perdrix & bû trois ou quatre verres de Vin. Mais, foit qu'on y eut mêlé quelque drogue, ou que fa vertu reftaurative eût naturellemenr opéré fur mes fens, je me trouvai plus à mon aife; & je commençai à ne plus regarder Monfieur H.... avec tant de froideur, quoique tout autre en fa place dans de femblables circonftances eût été le même pour moi.

Les afflictions ici bas ont leurs bornes, & ne fauroient être éternelles. Mon cœur accablé jufqu'alors fous le poids des chagrins fe dilata par degré, & s'ouvrit à un

foible

foible raïon de contentement. Je répan-
dis quelques larmes, elles me foulagérent:
je foupirai, mes foupirs me rendîrent la
refpiration plus libre: je pris fans être gaïe
un air ferain, une contenance plus aifée &
moins férieufe. Monfieur H. . . . . étoit
trop expert pour ne pas profiter de cet
heureux changement. Il recula adroitement la table & aprochant fa chaife de la
mienne, il m'imprima vingt baifers fur la
bouche & fur la gorge. Je fis fi peu de
réfiftance, qu'il crut pouvoir tenter davantage. Le téméraire en effet gliffant a-
vec dextérité une de fes mains fous mes
jupes jufqu'au deffus de la jaretière, effaïa
de regagner le Pofte qu'il avoit furpris peu
de tems auparavant. Alors je ferrai les

 cuifcuiſſes, & lui dis d'un ton languiſſant que je ne me trouvois pas bien, que je le ſupliois de me laiſſer. Comme il vit à merveilles qu'il y avoit plus de grimace & de cérémonie dans ma prière que de ſincérité, il conſentit à en reſter là aux conditions que je me mettrois au lit ſur le champ, ajoûtant qu'il ſortoit pour une demi-heure, & qu'il oſoit eſpérer qu'à ſon retour je ſerois plus traitable. Quoique je ne répondiſſe rien, l'air dont je reçûs ſa propoſition lui fit connoître que je ne me croïois plus aſſez ma Maîtreſſe pour refuſer de lui obéïr.

Un inſtant après qu'il m'eût quittée, la ſervante m'aporta un conſommé des plus ſucculents. Je l'eus à peine avalé qu'un

feu

feu subtil se glissa dans mes veines: je brûlois & me sentois consumée dans mes draps comme le grand Alcide dans la chemise de Nessus.

La fille n'étoit pas encore au bas de l'escalier que Monsieur H.... rentra en robe de chambre & en bonet de nuit, armé de deux bougies. Il ferma la porte au verroüil. Quoique je m'attendisse bien à le revoir, sa rentrée me causa quelque fraîcur. Il s'aproche sur la pointe du pié; tâche de me rassûrer par de douces paroles, & quittant à la hâte sa robe, il saute dans le lit. Il n'avoit point éteint les lumières sans doute pour la satisfaction de ses yeux; car aussi-tôt qu'il m'eût embrassée, il jetta le drap & joüit du spectacle de tous mes

char-

charmes à découvert.   Alors se tenant sur ses genoux entre mes cuisses & levant sa chemise je vis un corps aussi velu que celui de Nabuchodonosor, avec une monstrueuse cheville dont il me fit sentir tout à coup le pouvoir, & dont la chaleur ressucitant mes esprits animaux, me contraignit à goûter des plasirs que mon cœur desavoüoit.   Quelle différence! Hélas! de ces plaisirs purement mécaniques à ceux que produit la joüissance d'un amour mutuel où l'ame confonduë avec les sens se noïe, pour ainsi dire, dans une Mer de Voluptés.   Cependant Monsieur H.... ne cessa de me donner des preuves de son étrange vigueur qu'à la pointe du jour où nous nous endormîmes d'un profond sommeil. Vers

les

les onze heures Madame Jones nous aporta
deux excellents potages que son expérience
en ces sortes d'affaires lui avoit appris à
préparer en perfection. Monsieur H.....
qui s'étoit apperçû que j'avois changé de
couleur à son arrivée me dit lorsqu'elle
nous eût quittés que pour me donner une
première preuve de son tendre attachement
il vouloit me faire changer de maison &
que je ne m'impatientasse pas jusqu'à son
retour. Il s'habilla & sortit m'aïant donné
une bourse de vingt cinq guinées en attendant mieux.

Dès qu'il fut dehors, je réfléchis sur ma
condition actuelle & sentis la conséquence
du premier pas que l'on fait dans le chemin du vice (car mon amour pour Char-

les ne m'avoit jamais paru criminel.) Je me regardai comme quelqu'un qui eft entraîné par un torrent fans pouvoir regagner le rivage. Le fentiment effroïable de la miſére, la gratitude, le profit réel que je trouvois dans cette nouvelle connoiſſance avoient en quelque manière interrompu mes chagrins: & fi mon cœur n'eût point été engagé, Monfieur H.... l'auroit vraiſemblablement poſſédé tout entier; mais la place étant occupée, il ne devoit la joüiſſance de mes charmes qu'aux triſtes conjonctures où le fort m'avoit réduite. Il revint à fix heures me prendre pour me conduire à mon nouveau logis chèz un homme qui lui étoit affidé. Je fus inſtalée dans un appartement à deux guinées par femaine

avec

avec une fille pour me servir. Nous emploïames encore cette nuit ensemble comme nous avions fait la précédente. Insensiblement je m'habituai aux bonnes façons de Monsieur H.... & j'avoüe que si ses attentions & ses libéralités ne m'inspirérent point d'amour, au moins me forcérent elles à lui voüer une véritable estime & l'amitié la plus reconnoissante.

Je me vis alors dans la catégorie des filles entretenues, bien logée, de bons apointements & nipée comme une Princesse. Néantmoins le souvenir de Charles me causant quelquefois des accès de mélancolie, mon bien-faicteur pour m'amuser donnoit fréquemment de petits soupers chez moi à ses amis & à leurs Maîtresses ; de

façon

façon que je connus bientôt les plus célé-
bres Courtisannes & Matrones de la Ville.

Il y avoit déjà six mois que nous vivions
tous deux du meilleur accord du monde,
lorsqu'un jour revenant de faire une visite,
j'entendis quelque rumeur dans ma chambre: j'eûs la curiosité de regarder à travers
le trou de la serrure. Le premier objet qui
me frapa fut Monsieur H.... chiffonnant
ma grosse salope de servante, qui se def-
fendoit d'une manière aussi gauche que foible & crioit si bas qu'à peine pouvois-je
l'entendre. ,, Fi donc, Monsieur, cela
,, convient-il? de grace, ne me tourmen-
,, tez point. Une pauvre fille comme
,, moi n'est pas faite pour vous. Ste. Vier-
,, gé! si ma Maîtresse alloît venir.. non,
,, en

,, en vérité, je ne le foufrirai pas: au
,, moins je vous en avertis, je m'en vais
,, crier ''.   Ce qui pourtant n'empêcha
point qu'elle ne fe laiffât tomber fur le
lit de repos ; & mon homme aïant levé
fes côtillons, la guenipe crut inutile de
faire une plus longue réfiftance.   Il monta
deffus & je jugeai à fes mouvements non
chalants qu'il fe trouvoit logé plus à l'aife
qu'il ne s'en étoit flaté.   Cette belle opération finie Monfieur H..... lui donna
quelque monoye & la congédia.

Si j'avois été amoureufe j'aurois certai-
nement interrompu lä fcène & fait tapage ;
mais mon cœur n'y prénant aucun intérêt,
quoique ma vanité en foufrît, j'eus affez
de fang froid pour me contenir & tout voir

                                     juf-

jufqu'à la conclufion. Je defcendis cinq ou fix degrés fur la pointe du pié & remontai à grand bruit comme fi j'arrivois à l'inftant même. J'entrai dans la falle où je trouvai mon fidèle berger fe promenant en fiflant d'un air auffi flegmatique que s'il ne s'étoit rien paffé. A trompeur, trompeur & demi, dit le Proverbe; j'affectai d'abord un air fi ferain & fi gaï que l'Hipocrite fut ma dupe en croïant que j'étois la fienne. La groffe récréation qu'il venoit de prendre l'avoit fans-doute fatigué; car il prétexta quelques affaires pour n'être pas obligé de coucher avec moi cette nuit là & fortit incontinent après.

A l'égard de ma fervante, mon intention n'étant pas de l'affocier à mes travaux,

vaux, au premièr fujet de mécontente-
ment qu'elle me donna, je la mis à la
porte.

Cependant mon amour propre ne pouvant digérer l'affront que Monfieur H....
m'avoit fait, je réfolus de m'en venger de
la même façon. Je ne tardai pas long-
tems. Il avoit pris depuis environ quinze
jours à fon fervice le fils d'un de fes fermiers. C'étoit un jeune garçon de dix
huit à dix neuf ans d'une phifionomie fraiche & appetiffante, vigoureux & bien-fait.
Son Maître l'avoit créé le Meffager de
nos correfpondances. Je m'étois aperçû
qu'à travers fon refpect & fa timide innocence le tempéramment perçoit. Ses yeux
naturellement lafcifs, enflammés par une

H 2

paffion

paſſion dont il ignoroit le principe par-
loient en ſa faveur le plus éloquemment
du monde ſans qu'il s'en doutât. Pour
exécuter mon deſſein, je le laiſſois entrer
lorſque j'étois encore au lit, ou lorſque
j'en ſortois, lui laiſſant voir comme par
mégarde, tantôt ma gorge nuë, tantôt la
tournure de ma jambe, quelquefois un peu
de ma cuiſſe en mettant mes jaretières.
En un mot, je l'aprivoiſois petit à petit
par mes familiarités. ,, Eh bien, mon
,, garçon, lui demandois-je, as-tu une
,, Maitreſſe? .. eſt-elle plus jolie que
,, moi? . . . ſentirois tu de l'amour pour
,, une perſonne qui me reſſembleroit "?
Et ainſi du reſte. Le pauvre Enfant répondoit d'un ton niais & honteux ſelon mes
déſirs.   Quand

Quand je crus l'avoir aſſez bien préparé ; un jour qu'il vint à ſon ordinaire , je lui dis de fermer la porte en dedans. J'étois alors couchée ſur le Théâtre des plaiſirs de Monſieur H. . . . & de ma ſervante , dans un deshabillé fait pour inſpirer des tentations à un Anachorete. Je l'appellai & le tirant près de moi par la manche, je lui donnai pour le raſſûrer deux ou trois petits coups ſous le menton, & lui demandai s'il avoit peur des Dames ? en même tems je me ſaiſis d'une de ſes mains que je ſerrai contre ma gorge qui treſſail-loît & s'élevoit comme ſi elle eût re-cherché ſes attouchements. Bien-tôt tous les feux de la Nature étincellérent dans ſes yeux : ſes joües s'enluminérent du plus

H 3

beau

beau vermillon. La joïe, le raviſſement & la pudeur le rendirent muet : mais la vivacité de ſes regards, ſon émotion par-lérent aſſez pour m'aprendre que je n'avois pas perdu mon étalage.

Je gliſſai les doigts, en le baiſant, ſur une de ſes cuiſſes le long de laquelle je ſentis un corps ſolide & ferme que ſa cu-lotte trop juſte paroiſſoit étrangler. Alors faiſant ſemblant de joüer avec les boutons qui étoient prêts à ſauter par leur grand tiraillement, tout à coup la ceinture & la braguette s'ouvrirent & préſentérent à ma vûë émerveillée, non pas une babiole d'enfant, ni le membre commun d'un hom-me ; mais une piéce d'une ſi énorme taille, qu'on l'auroit priſe pour celle du Géant

Po-

Polypheme. Ce prodigieux meuble me fit frissonner à la fois de fraïeur & de plaisir. Ce qu'il y avoit de plus surprenant c'est que le Propriétaire d'un si noble joïau ne savoit pas la manière de s'en servir ; tellement que c'étoit mon affaire de le guider au cas que j'eusse assez de courage pour en risquer l'épreuve. Mais il n'y avoit plus moïen de reculer.

Le jeune Gars transporté, hors de lui-même, s'avantura par un instinct naturel à fourer ses mains sous mes jupes, & lisant dans mes yeux le pardon de son audace, il gagna au hazard le centre inconnu de ses desirs. Je n'eus pas plutôt senti la chaleur de ses doigts que ma crainte s'évanoüit: mes cuisses s'ouvrirent d'elles-mêmes

&

& lui laiſſérent le champ libre. Alors la chaſſe fut découverte. Il ſe mit ſur moi: je me plaçai le plus avantageuſement qu'il me fut poſſible pour le recevoir ; mais ſa machine ne pouvant enfiler la voïe & frapant toujours à faux, je la conduiſis dextrément de la main, & lui donnai la prémiére leçon de plaiſir. Cependant quoi qu'une ſi monſtrueuſe alumelle ne fut pas faite pour une gaine auſſi étroite, je parvins à en loger la pointe, & mon écolier donnant un coup de charnière à propos en fit entrer quelques pouces de plus ; je ſentis auſſi-tôt un mélange de plaiſir & de douleur indéfiniſſable. Je tremblois à la fois qu'il ne me fendit en allant plus avant ou en ſe retirant, ne le pouvant ſoufrir ni

de-

dedans ni dehors. Quoiqu'il en ſoit, il pour-
ſuivit avec tant de roideur & de rapidité,
que je lachai un cri. C'en fut aſſez pour
arrêter ce timide & reſpectueux enfant. Il
retira le délicieux inſtrument de ma peine,
également pénétré du regret de m'avoir
fait mal, & d'être contraint de déloger d'u-
ne place dont la douce chaleur lui avoit
donné l'avant-goût d'un plaiſir qu'il mou-
roit d'envie de ſatisfaire.

Je n'étois pourtant pas trop contente
qu'il m'eut tant ménagée, & que mon in-
diſcretion l'eût fait quitter priſe. Je le ca-
reſſai pour l'encourager à revenir à la
charge, & me mis en poſture de le recevoir encore à tout évenement. Il l'introduiſit de nouveau aïant l'attention de mo-

 dérer

dérer ses coups. Petit à petit, l'entrée s'é-largit, prêta, & reçût la moitié de son membre. Mais tandis qu'il tachoit de paf-fer outre, la crife du plaifir le furprit, & malheureufement pour moi, il joüit tout feul, la douleur aiguë que je foufrois m'empêchant de l'atteindre.

. Je craignois avec raifon qu'il ne fe reti-rât. Grace à ma bonne fortune, le cas n'arriva point. L'aimable jeune homme plein de fanté & regorgeant de fucs, fit une courte paufe, après quoi, il fe mit à piquer de rechef & força aifément les tendres parois de mon étui abreuvé & rendu plus fouple par l'injection balfami-que qu'il venoit d'y faire. Alors favori-fé par mes mouvements adroits il me le

plon-

plongea jufques aux gardes, nos deux corps ne firent plus qu'un. Les délicieu-ses, les raviffantes agitations qu'il me caufa intérieurement me devinrent infu-portables. Je m'aperçûs à fa refpiration embaraffée, à fes yeux à demi-clos, fur-tout à la roideur extraordinaire de fon inftrument qu'il aprochoit du fuprême plaifir. Je me dépêchai d'y arriver avec lui. Nous nous rencontrâmes enfin, & plongés tous deux dans un abîme de joïe, nous demeurâmes quelques inftants anéantis, fans aucun fentiment, excepté dans ces parties favorites de la nature où nos ames, notre vie & toutes nos fenfa-tions étoient alors entièrement concen-trées.

Quand

Quand mon jeune Athlete fe fut retiré, je me trouvai les cuiffes inondées d'un déluge de perles liquides, mêlées de fang, que j'effüiai & recüeillis précieufement dans mon mouchoir.

C'étoit une fcène bien douce pour moi de voir avec quels tranfports il me remercioit de l'avoir initié dans de fi agréables miftéres. Il n'avoit jamais eû la moindre idée de la marque diftinctive de notre Sexe. Je devinai bien-tôt par l'inquiétude de fes mains qui fourageoient au hazard, qu'il bruloit de connoître comme j'étois faite. Je lui permis tout ce qu'il voulut ne pouvant rien refufer à fes défirs. Le fripon me leva les jupes & la chemife audeffus des hanches. Je me plaçai moi-

même

même dans l'attitude la plus favorable pour expofer à fes regards le petit antre des Voluptés & le coup d'œil luxurieux du voifinage. Extafié à la vûë d'un fpectacle fi nouveau pour lui, il écarta legérement les bords de ce fombre & délicieux réduit & fourant un doigt dedans, parvint à cette douce excroiffance qui de fouple qu'elle étoit enfla & fe roidit de telle forte à fon toucher que le chatoüillement m'arracha un foupir. Cependant il n'abufa pas plus long-tems de ma complaifance. Son formidable fauciffon aïant repris tout à coup fa belle forme, il le pointa directement à l'entrée du détroit & le pouffant avec une fureur extrême, il pénétra jufqu'aux derniers retranchements de la ré-

gion

gion des béatitudes. Je fentis de rechef une émotion fi vive qu'il n'y avoit que la pluïe falutaire dont la nature bien-faifante arrofe ces parties là, qui pût me fauver de l'embrafement.

J'étois tellement abbatuë, fatiguée, énervée après une femblable féance que je n'avois pas la force de remuer. Néantmoins, mon jeune Champion ne faifant pour ainfi dire qu'entrer en goût, n'auroit pas fi-tôt quitté le Champ de Bataille, fi je ne l'euffe averti qu'il faloit battre la retraite. Je l'embraffai tendrement & lui aïant gliffé une guinée dans la main, je le renvoïai avec promeffe de le revoir dès que je le pourois, pourvû qu'il fût difcret.

A

A peiné étoit-il forti que Monfieur H.... arriva. La manière agréable dont je venois d'emploïer le tems depuis mon lever avoit repandu tant d'éclat & de feux fur ma phifionomie, qu'il me trouva plus belle que jamais: auffi me fit-il des careffes fi preffantes, que je tremblai qu'il ne decouvrit le mauvais état actuel des chofes. Heureufement, j'en fus quitte pour prétexter une groffe migraine. La bonne dupe donna dans le paneau; & réfrénant malgré lui fes défirs, il fortit en me recommandant de me tranquilifer.

Depuis cette première entrevûë je joüis prefque tous les jours des embraffements de mon cher Will (c'étoit le nom de ce bel enfant); mais mon imprudence rompit

bien-

bien-tôt un si tendre commerce, & nous sépara pour toujours lorsque nous y pensions le moins. Un matin étant à folatrer avec lui dans mon cabinet, il me vint en tête d'éprouver une nouvelle posture. Je m'assis & me mis jambe deça, jambe de là sur les bras du fauteüil, lui présentant à découvert la marque où il devoit viser. J'avois oublié de fermer la porte de ma chambre, & celle du cabinet ne l'étoit qu'à demi. Monsieur H.... que nous n'attendions pas nous surprit précisément au plus interressant de la scène. Je jettai un cri terrible en abbattant mes jupes. Le pauvre Will comme frapé d'un coup de foudre, demeura interdit & aussi pâle qu'un mort. Monsieur H..... nous regarda

quel-

quelque tems l'un & l'autre avec un vifage où la colére, le mépris & l'indignation paroiſſoient dans leur plus haut dégré, & reculant en arrière, ſe retira ſans dire un mot. Toute troublée que j'étois, je l'entendis fermer la porte à double tour.

Pendant ce tems-là, le malheureux complice de mon infidélité agoniſoit de fraïeur. Et j'étois obligée d'emploïer le peu de courage qui me reſtoit pour le raſſûrer. La diſgrace que je venois de lui cauſer me le rendoit plus cher. Je lui baignois le viſage de mes pleurs, je le baiſois, je le ſerrois dans mes bras ; mais le ſpauvre garçon devenu inſenſible à mes careſſes ne remuoit pas plus qu'une ſtatuë.

Monſieur H. . . . rentra un moment a-

I

près,

près, & nous aïant fait venir devant lui, il me demanda d'un ton flegmatique à me defefpérer, ce que je pouvois dire pour juftifier l'affront humiliant que je venois de lui faire. Je lui répondis en pleurant, fans agraver mon crime par le ftile audacieux d'une Courtifane effrontée, que je n'aurois jamais eu la penfée de lui manquer à ce point, s'il ne m'en avoit en quelque manière donné l'exemple en s'abaiffant jufqu'au dernières privautés avec ma fervante; que toute-fois je ne prétendois pas excufer ma faute par la fienne; qu'au contraire, j'avoüois que mon offenfe étoit de nature à ne point mériter de pardon: mais que je le fupliois d'obferver que c'étoit moi qui avois féduit fon Valet dans un ef-

prit

prit de vengeance. Enfin j'ajoûtai que je me foumettois volontiers à tout ce qu'il voudroit ordonner de moi, aux conditions qu'il ne confondît point l'innocent & le coupable.

Il fembla un peu déconcerté quand je lui rapellai l'avanture de ma fervante; mais s'étant remis d'abord, il me répondit à peu près en ces termes.

Mademoifelle, j'avoüe à ma honte que vous me l'avez bien rendu, & que je n'ai que ce que je mérite. Nous nous fommes cependant trop offenfés tous deux pour continuer à vivre deformais enfemble. Je vous accorde huit jours pour chercher un autre Logement. Ce que je vous ai donné eft à vous. Vôtre Hôte vous païra

de

de ma part cinquante guinées, & vous délivrera une quittance générale de tout ce que vous lui devez. Je me flate que vous conviendrez que je ne vous laiſſe pas dans un état au-deſſous de celui où je vous ai priſe, ni au-deſſous de ce que vous méritez. Ne vous en prenez point à moi ſi je ne fais pas mieux les choſes.

Alors ſans attendre ma réponſe, il s'adreſſa à Will.

Quant à vous, beau mignon, je prendrai ſoin de votre perſonne pour l'amour de votre pére. La Ville n'eſt pas un ſéjour qui convienne à un pauvre idiot tel que vous. Demain vous retournerez à la campagne. A ces mots il ſortit. Je me proſternai à ſes piés pour tacher de le retenir.

tenir. Ma fituation parut l'émouvoir, néantmoins, il fuivit fon chemin emmenant avec lui fon jeune valet qui fûrement s'eftimoit fort heureux d'en être quitte à fi bon marché.

Je me trouvai encore une-fois abandonnée à mon fort par un homme, dont je n'étois pas digne : Et toutes les follicitations que j'emploïai pendant la femaine qu'il m'avoit accordée pour chercher un logis, ne pûrent l'engager à me revoir une feule fois.

Will fut renvoïé immédiatement à fon village où quelques mois après une groffe gaguie de veuve qui tenoit une bonne hotellerie l'époufa.

Tandis que j'étois embarraffée de ce que

je

je deviendrois une de mes amies nommée Madame Cole vint m'offrir ſes bons offices. comme j'avois toûjours eu aſſez de confiance en elle , je prêtai volontiers l'oreille à ſes propoſitions. Il eſt certain que je ne pouvois tomber dans de meilleures, ni de plus mauvaiſes mains. Dans de plus mauvaiſes ; parce que tenant une maiſon de plaiſir, il n'y avoit point de genre de lubricité & de débauche auquel elle ne formât ſes filles pour ſatisfaire au goût & au caprice de ſes chalands : Dans de meilleures ; parcé que qui que ce ſoit ne connoiſſant mieux le fort & le foible de la vie de Londres, n'étoit plus en état de donner de bons avis & de garantir de jeunes proſélites des dangers du metier. Ce qu'il y

avoit

avoit de plus recommandable en elle ; c'eſt qu'elle ſe contentoit d'un médiocre profit, & ſuivoit plutôt la profeſſion par goût que par intérêt. Auſſi étoit-elle la grande Pourvoïeuſe des gens de la première diſtinction.

Cette ſerviable Matrone m'admit dans ſon ſérail près du Commun Jardin *. Elle ténoit pour la forme une petite boutique de Lingére où la plûpart de ſes Demoi-ſelles faiſoient ſemblant de travailler à certaines heures avec une application des plus édifiantes. Tout y paroiſſoit honête & décent. Mais dès que la nuit venoit, on ſe dépoüilloit des dehors gênants de la

I 4   mo-

* Quartier de la Comédie, où il y a beaucoup de Ca-tins.

modeſtie pour ſe livrer entièrement au plaiſir.

Quatre Voluptueux qu'un même goût avoit Réunis, faiſoient les frais de leurs ſecretes orgies & ſe regardoient dans ces lubriques Sinodes comme les reſtaurateurs de l'innocente liberté de l'âge d'or.

Le lendemain de mon Inſtallation Madame Cole m'avertit que l'on tiendroit cette nuit là un Chapître extraordinaire pour me recevoir membre de la confrairie, & qu'elle ſe flatoit que le cérémoniel de la fête ne me déplairoit pas. Je lui répondis que j'étois entièrement à ſes ordres, étant bien perſuadée qu'elle ne pouvoit rien me propoſer qui ne me fût agréable. Les trois Demoiſelles qui devoient

voient

voient être de la partie, charmées de la docilité & du bon naturel que je témoignois dans cette occasion me firent cent caresses; & pour me donner une marque immédiate de l'intimité parfaite avec laquelle elles soûhaitoient vivre avec moi, la plus gaïe proposa en attendant l'heure du Conclave, que chacune conteroit la manière dont elle avoit perdu son pucellage. Notre mére supérieure approuva l'idée aux conditions qu'on m'en dispensât jusqu'à ce que je fusse Professe. La chose ainsi réglée, on pria Emilie de commencer. C'étoit une blonde charmante, d'une taille de Nimphe, bien proportionnée, & qui avoit la plus belle peau & les plus beaux yeux du monde.

I 5

Ma

Ma naïffance & mes avantures, dit-elle, ne font point affez confidérables pour que vous imputiez à vanité de ma part l'envie de vous faire mon Hiftoire. Mon pére & ma mére étoient & font encore, je crois, fermiers à quarante mille † de de Londres. Leur aveugle tendreffe pour un frére & leur barbarie à mon égard me firent prendre le parti de déferter de la maifon à l'âge de quinze ans. Tout mon fonds étoit de deux Jacobus * que je tenois de ma Maraine, de quelques fhellings, d'une paire de boucles d'argent & d'un dé de même métal. Les hardes que j'avois fur le corps compofoient mon équipage.

---

† A peu près quatorze Liëües.
* Ancienne monoïe d'or.

page. Je rencontrai chemin faifant un jeune garçon vigoureux & fain d'environ feize ou dix fept ans, qui alloit auffi chercher fortune à la Ville. Il trotoit en fiflant derrière moi avec un paquet de guenilles au bout d'un baton. Nous marchâmes quelque tems à la queüe, l'un de l'autre fans nous rien dire. Enfin nous nous joignîmes & convinmes de faire la route enfemble. Quand la nuit approcha, il falut fonger à nous mettre à couvert quelque part. L'embarras fut de favoir ce que nous répondrions en cas qu'on vint à nous queftionner. Le jeune homme leva la difficulté en me propofant de paffer pour fa femme. Ce prudent accord fait, nous nous arrêtâmes à un cabaret borgne dans un

pauvre

pauvre Hameau. Mon Compagnon de Voïage fit apprêter ce qui s'y trouva, & nous foupâmes tête à tête. Mais quand il fut heure de nous retirer, nous n'eûmes ni l'un ni l'autre le courage de détromper les gens de la maifon; & ce qu'il y avoit de comique c'eft que le Gars paroiffoit plus intrigué que moi pour trouver moïen de coucher feul. Cependant, l'hôteffe une chandelle à la main nous conduifit au bout d'une longue court à un apartement féparé du corps de logis. Nous la fuivîmes fans foufler le mot; & elle nous laiffa dans un miférable bouge où il n'y avoit pour tout meuble qu'un grand vilain Grabat & un Chaife de bois toute démantibulée. J'étois alors fi innocente, que je

ne

ne penſois pas faire plus de mal en cou-
chant avec un garçon qu'avec une de nos
ſervantes; & peut-être n'avoit-il pas eu lui
même d'autres idées, juſqu'à ce que l'occaſion lui en inſpirât de différentes. Quoiqu'il en ſoit, il éteignit la lumière avant
que nous fuſſions entièrement deshabillés.
Lorſque j'entrai dans le lit mon accolite y
étoit déja, & la chaleur de ſon corps me
fit d'autant plus de plaiſir que la ſaiſon
commençoit à être froide. Mais que l'in-
ſtinct de la nature eſt admirable! le jeune
homme me paſſant un bras ſous les reins
ſe ſerra contre moi comme ſi c'eût été ſeulement à deſſein d'avoir plus chaud. Je
ſentis fermenter pour la première fois dans
mes veines un feu que je n'avois jamais

con-

connu. Encouragé, je le supofe, par ma docilité, il fe hazarda de me donner un baifer que je lui rendis innocemment, fans penfer que cela tirât à conféquence : bientôt fes doigts agiffants s'égarérent fous ma chemife, & après avoir joué des épinettes partout où il lui plût, il me fit tâter la cheville ouvrière du genre humain. Je lui demandai avec furprife ce que c'étoit ? il me dit que je le faurois fi je voulois, & mon homme n'attendant point ma réponfe monta immédiatement fur moi. Je me trouvai alors tellement entraîné par un pouvoir dont j'ignorois la caufe, que je le laiffai faire en paix jufqu'à ce qu'il m'arracha les hauts cris : mais il n'y avoit plus à reculer, le Maquignon étoit trop bien en-

fel-

felle pour le defarçonner; au contraire
les efforts que je fis ne le fervirent que
mieux. Il me donna à la fin un fi terrible
coup de charnière qu'il enfila la bague &
me dépucela. Le chemin une fois fraïé,
nous veillâmes le plus agréablement du
monde jufqu'au jour. Il feroit inutile de
vous ennuïer par un plus long récit; c'eft
affez que vous fachiez que nous vêcûmes
enfemble tant que la mifére nous fépara
& me fit embraffer la Profeffion.

A peine Emilie avoit-elle ceffé de parler qu'on nous avertit que les confréres é-
toient arrivés; de forte que les deux autres furent difpenfées de conter leurs
proüeffes, & nous, je crois, fort heureufes
de n'être pas obligées de les entendre.

Ma-

Madame Cole me conduifit en haut. Un jeune Cavalier extrêmement aimable auquel on m'avoit deftinée vint à notre rencontre & fut mon introducteur. Mon amour propre eût lieu d'être content de la furprife que je caufai à l'affemblée. Ils m'embraf-férent à la ronde, & me prodiguérent les éloges les plus flateurs. Nèantmoins ils ne pûrent s'empêcher de me dire que j'avois un défaut qui ne s'accordoit pas avec leurs ftatuts: & que ce défaut étoit la modeftie dont ils me fuplioient de vouloir bien me dépoüiller, de peur qu'elle n'empoifonnât leurs plaifirs. Ce fut là le prologue de la piéce que nous allions joüer.

Tandis que ces Meffieurs me faifoient ainfi ma leçon, on fervit un fuperbe fou-

per

per & nous nous mîmes à table. La bonne chére & le bon Vin bannirent infenfiblement toute forte de referve. Des propos gaïs on en vint aux gefticulations.

Alors un des convives difant qu'il croïoit
les inftruments d'accords, Madame Cole,
fe retira difcrétement & nous laiffa le
champ libre. Auffi-tôt on recula la table
& l'on mit en fa place un lit de repos. Je
demandai à mon Chevalier ce que cela
fignifioit? il me dit que le Châpitre s'étant
affemblé extraordinairement en ma faveur,
c'étoit pour m'initier dans leurs miftéres;
& qu'il efpéroit qu'à l'exemple de mes
compagnes qui alloient commencer la cérémonie, je voudrois bien lui permettre de
faire aux yeux des affiftants la première

K

épreu-

épreuve de ma foûmiffion & de ma docilité. Le peu de répugnance que je témoi-
gnai à cette propofition l'affûra de mon
confentement.

Nos Demoifelles s'étant livrées l'une
après l'autre *in naturalibus* à toutes les
fantaifies de leurs Champions, il n'y eût
plus moïen de m'en dédire. Je me laiffai
dépoüiller paifiblement & enlever la chemife, car un refte de pudeur m'aïant faifie tout à coup, je n'aurois pas eu le courage de me deshabiller moi-même, fi mon
héros ne m'en eût évité la peine. Je fus
néantmoins bien-tôt raffûrée par les exclamations de tous les fpectateurs au coup
d'œil intéreffant de mes charmes nuds. Je
ne faurois m'imaginer que la belle Cythé-
rée

rée fortant de l'onde ait caufé plus d'admiration & ait été plus applaudie que je
le fus en cette occurrence. On me fit faire plufieurs fois le tour du cercle , & on
exigea de ma complaifance que je tinffe dif-
ferentes poftures felon les goûts divers de
mes admirateurs. En un mot, quand ils
eûrent affouvi la lubricité de leurs regards
par le gros & par le détail , l'aimable
jeune homme aux embraffements de qui
j'étois deftinée m'étendit fur l'autel , & le
facrifice s'acheva à ma grande fatisfaction
& à celle de tout le monde.

C'étoit une loi inviolable dans cette fo-
ciété de s'en tenir chacun à la fienne , & de
ne point aller fur les brifées les uns des autres , à moins que ce ne fut du confente-

ment

ment des parties. J'eûs affez de bonheur pour conferver le mien jufqu'à ce que des intérêts de famille & une riche héritière qu'il époufa l'obligérent à me quitter. Nous avions vêcu enfemble à peu près quatre mois pendant les quels (comme il faut que tout prenne fin) notre petit Conclave s'étoit infenfiblement féparé. Néantmoins, Madame Cole, avoit un fi grand nombre de bonnes pratiques, que cette défertion ne nuifit en nulle manière à fon négoce. Pour lui rendre la juftice qui lui eft duë, il n'y avoit pas à Londres une maifon de déréglement mieux réglée que la fienne. Le bon ordre & la concorde y étoit mieux établis que dans aucun monaftére; & ce qui doit paroître étonnant,

c'eft

c'eſt que de ſix commenſales que nous
étions chez elle, il n'y en eût jamais une
à qui il échapât de dire la moindre parole
deſobligéante à ſa compagne. Un certain raport d'humeur & de caractére nous
avoit liées de la plus étroite amitié Emilie
& moi. Il eſt conſtant qu'au libertinage
près qu'elle pouſſoit quelque fois un peu trop
loin, c'étoit la plus aimable fille du monde. Mais s'il lui paſſoit une fantaiſie par
la tête, quelque biſare qu'elle fût, il faloit qu'elle la ſatisfît. Auſſi le caprice
avoit ſouvent plus de part à ſes excès que
le panchant & le goût du plaiſir. Je te ci-
terai un trait de débauche de ſa façon qui
te convaincra que lors qu'une femme a
franchi les bornes de la pudeur, il n'eſt

K 3

point

point de défordres dans lefquels elle ne foit capable de fe précipiter.

Un matin que Madame Cole & nos autres Compagnes étoient forties, nous fîmes entrer dans la boutique un gueux qui vendoit des bouquets. Le pauvre garçon étoit infenfé & fi bégue qu'à peine pouvoit-on l'entendre. On l'appelloit dans le quartier Dick le bon, parce qu'il n'avoit pas l'efprit d'être méchant, & que les voifins abufant de fa fimplicité en faifoient ce qu'ils vouloient. Aurefte, il étoit bien fait de fa perfonne, jeune, robufte, & d'une figure affez revenante pour tenter quiconque n'auroit point eu de dégoût pour la mal-propreté & les guenilles.

Nous lui avions fouvent achepté des

fleurs

fleurs par pure compaſſion: mais Emilie
qu'un autre motif excitoit alors, aïant pris
deux de ſes bouquets, lui préſenta mali-
cieuſement un écu à changer. Dick, qui
n'avoit pas le prémier ſou, ſe grâtoit l'o-
reille, & donnoit à entendre par ſon embarras qu'il ne pouvoit fournir la monoïe
d'une ſi groſſe piéce. ,, Eh bien! mon en-
,, fant, lui dit Emilie, monte avec moi, je
,, te païrai ''. En même-tems elle me fit ſigne de la ſuivre, & m'avoüa chemin faiſant qu'elle ſe ſentoit une étrange curioſité
de ſavoir ſi la Nature ne l'avoit pas dédom-
magé par quelque don particulier du corps,
de la privation de la parole & des facultés
intellectuelles. La ſcrupuleuſe modeſtie
n'aïant jamais été mon vice, loin de m'op-

K 4

poſer

poſer à une pareille Lubie, je trouvai ſon idée ſi plaiſante que je ne fus pas moins empreſſée qu'elle à m'éclaircir ſur ce point. J'eus même la vanité de vouloir être la prémière à faire la vérification des piéces. Suivant cet accord, dès que nous eûmes fermé la porte, je commençai l'attaque en lui faiſant de petites niches, & emploïant les moïens les plus capables de l'émouvoir. Il parût d'abord à ſa mine honteuſe & interdite, à ſes regards ſauvages & effarés, que le badinage ne lui plaiſoit pas : mais, je fis tant par mes agaceries & mes careſſes que je l'apprivoiſai, & le mis inſenſiblement en humeur. Un rire innocent & nigaud annonçoit le plaiſir que la nouveauté de cette

ſcéne

scéne lui faifoit. Le raviffement ftupide où il étoit l'avoit rendu fi docile & fi traitable, qu'il me laiffa faire tout ce que je voulus. J'avois déja fenti la douceur de fa peau à travers mainte déchirure de fa culotte, & m'étois par gradation faifie du véritable & fenfible végétatif, qui loin de fe retirer au toucher de mes doigts s'allongeoit & fe gonfloit pour les rencontrer. Il fut bien-tôt en fi bel état que je vis le moment que tout alloit rompre fous fes efforts. Je détortillai une efpéce de ceinture déchiquetée de vieilleffe, & rangeant une loque de chemife qui cachoit en partie ce refpectable morceau, je le découvris dans toute fon étenduë & fa pompeufe forme. J'avoüe qu'il n'étoit guére poffible de rien

K 5

voir

voir de plus fuperbe. Auffi ma lafcive compagne, ravie en admiration, & domptée par le Démon de la concupifcence, me l'ôta brufquement de la main, puis, tirant comme on fait un âne par le licou le paifible Dick vers le lit, elle s'y laiffa tomber à la renverfe & fans lacher prife, le guida dans le charmant labyrinthe des amours. L'innocent y fut à peine introduit, que l'inftinct lui apprit le refte. Il enfonça, déchira, pourfendit la pauvre Emilie; mais elle eut beau crier; il étoit trop tard. Le fier agent animé par le puiffant éguillon du plaifir devint fi furieux, qu'il me fit trembler pour la patiente. Son vifage étoit tout en feu; fes yeux étincelloient; il grinçoit les dents. Tout fon corps agité d'une im-

pétueufe

pétueufe rage faifoit voir avec quel excès
de force la nature opéroit en lui. Tel on
voit un jeune taureau fauvage que l'on **a**
pouffé à bout renverfer, fouler aux piés,
fraper des cornes tout ce qu'il rencontre:
tel, le forcené Dick brife, rompt tout ce
qui s'oppofe à fon paffage. Emilie toute
fanglante fe débat, m'apelle à fon fecours &
fait mille efforts pour fe dérober de deffous
ce cruel meurtrier; mais inutilement, fon
haleine auroit auffi-tôt calmé un ouragan,
qu'elle auroit pû l'arrêter dans fa courfe.
Au contraire, plus elle s'agite & fe déme-
ne, plus elle accéléere & précipite fa défai-
te. Dick machinalement gouverné par la
partie animale la pince, la mord, & la
fecoüe avec une ardeur moitié féroce &

moi-

moitié tendre. Cependant, Emilie à la fin suporta plus patiemment le choc : & bientôt le sentiment de la douleur faisant place à celui du plaisir, elle entra dans les transports les plus vifs de la passion, & seconda de tout son pouvoir la brusque activité de son acteur. Tout trembloit sous la violence de leurs mouvements mutuels. Agités l'un & l'autre d'une fureur égale, ils sembloient possédés du Diable de la luxure. Sans doute ils auroient succombé à tant d'efforts, si la crise délicieuse de la supréme joïe ne les eût arrêtés subitement & n'eût terminé le combat.

C'étoit une chose pitoïable & burlesque à la fois de voir la contenance du pauvre insensé après cet exploit. Il paroissoit plus

im-

imbécile & plus hébété de moitié qu'auparavant. Tantôt, d'un air stupéfait il laiſſoit
tomber un regard morne & languiſſant ſur
le déplorable & flaſque inſtrument qui venoit de lui faire tant de plaiſir: tantôt, il
fixoit d'un œil triſte & hagard Emilie, &
ſembloit lui demander l'explication d'un
pareil Phénoméne. Enfin, l'idiot aïant petit à petit repris ſes ſens, ſon prémier ſoin
fut de courir à ſon panier & de compter ſes
bouquets. Nous les lui prîmes tous & les lui
païâmes le prix ordinaire, n'oſant pas le récompenſer de ſa peine, de peur qu'on ne vint
à découvrir les motifs de nôtre généroſité.

Quelques jours après cette avanture Madame Cole trouva moïen de me faire paſ-
ſer pour Pucelle, & vendit deux cents guinées

nées ma prétenduë virginité à un jeune homme ufé de débauches, qui avoit la marotte des puccellages. J'ai remarqué que les plus fins fe laiffent aiſément tromper fur ce chapître : l'expérience confommée de celui - ci ne l'empêcha pas d'être ma dupe. Je lui fus préfenté fous l'habit & l'humble maintien d'une jeune campagnarde tout fraichement débarquée du Village. Dès qu'on m'eût livrée à fa difcrétion, je n'ômis aucune des fimagrées que les fauffes Agnès favent fi bien faire valoir dans de femblables occurrences. Je pouffai des cris perçans, je pleurai, j'égratignai, je fis le petit demon ; en un mot, je joüai d'un air fi naturel mon rôle, qu'il me crut auffi Vierge & auffi intacte que

l'enl'enfant qui vient de naître. Quoique son fleuret pliât à chaque instant, & fut si foible, qu'à peine en sentois-je les coups, je gémissois profondément & le supliois d'avoir pitié de moi, lui représentant qu'il me faisoit une douleur insuportable, que j'étois toute déchirée, que j'en mourrois. L'amour propre qui aveugle toujours les hommes en pareil cas lui fit penser qu'il avoit fait des efforts héroïques, & il n'eût plus lieu d'en douter, lorsque ses yeux le confirmérent dans cette flateuse opinion par le désordre apparent où il trouva le lieu de son attaque (car je m'étois adroitement baigné les Païs-Bas avec du sang de poulet dont j'avois eu la précaution de remplir un petit étui à ressort. Le pauvre

inno-

innocent ne pouvant contenir fa joye à la
vûë des cruautés qu'il croïoit m'avoir faites, me gratifia de vingt cinq guinées par
deſſus le marché : & il avoüa à Madame
Cole qu'il n'avoit jamais rencontré de pucellage dont le triomphe lui eût tant couté
de fatigue, & lui eut fait autant de plaiſir. Quant à la fatigue, je puis certifier
qu'il en a eu tout ſon ſaoul, pour ce qui
eſt du plaiſir, comme cela dépend de la
façon dont l'imagination eſt affectée, je ne
doûte pas que dans la bonne foi où il
étoit, il n'en ait beaucoup pris : ce qu'il y
a de conſtant c'eſt que je n'ai rien négligé
pour lui en procurer.

J'étois tellement attachée à Madame Cole par inclination & par reconnoiſſance,
qu'il

qu'il n'y avoit nulle forte de lubricité à laquelle je ne me prêtaffe quand le bien de
fes affaires le requerroit. Il m'eft arrivé
plus d'une fois d'avoir la patience de me
laiffer mettre le derrière tout en fang, pour
faire plaifir à des invalides de Cythére qui
fe déleƈtoient à me flageller.

Aurefte, j'aurois grand tort de fronder
contre un amufement fi bifare , puifqu'il
eft la fource de l'heureufe fituation, dont
je joüis maintenant.

Un vieux garçon qui étoit dans le goût
de la cérémonie paffive & aƈtive †, & qui
emploïoit quelque-fois fon loifir avec moi,
me propofa d'être fa gouvernante. Quel-

qu'a-

___

† Terme confacré dans les monafteres d'amour; figni-
fiant le foüet.

qu'avantageux que fût le parti qu'il m'offroit, je ne voulus point tranfiger fans le confentement de Madame Cole. Il y avoit déja long-tems que la bonne femme fe plaignoit d'une fciatique qui peu à peu l'avoit dégoutée du monde: elle m'avoüa fincérement que ce qui l'y retenoit encore, c'étoit la tendreffe qu'elle avoit pour fes enfants (c'eft ainfi qu'elle nous appelloit) & particulièrement pour moi qu'elle aimoit comme fa propre fille; mais que fon deffein étant de fe retirer fi-tôt qu'elle auroit pourvû à l'établiffement de la petite famille, elle m'exhortoit & m'ordonnoit même en qualité de mére de ne pas laiffer échaper une fi belle occafion de faire une honorable retraite, ajoûtant qu'on ne pouvoit

voit fonger à la faire de trop bonne heure dans la profeffion de courtifane. Ce qui contribua le plus à me déterminer fut l'heu-reufe rencontre que fît alors Emilie d'un fort honête prêtre qui l'époufa.

Je fuivis mon nouveau Maître à Mary bone où après avoir été l'efpace de dix-huit mois fa fidéle concubine, il prit congé de ce monde, & me légua tout fon bien dont le revenu annuel monte à quatre cents cinquante livres fterlings. Je n'eûs point à craindre de trouver en mon chemin des gens qui me difputaffent cet héritage parce que le deffunt avoit été affez heureux pen-dant fa vie pour ne connoître aucuns de ces animaux incommodes qu'on nomme pa-rents. C'étoit un enfant de l'amour élevé

aux

aux frais de la paroiſſe, qui étant paſſé aux Indes à l'âge de quatorze ans y avoit fait fortune & étoit revenu dans ſa patrie joüir paiſiblement du fruit de ſes travaux.

J'avois alors atteint ma vingtiéme année: j'étois belle, j'étois riche. De tels avanta-tages devroient être plus que ſuffiſants pour ſatisfaire quiconque les poſſéde ; néant-moins ſemblable au malheureux Tantale, je voïois mon bonheur ſans le pouvoir goû-ter. Tandis que je vivois chez Madame Cole, le délire de la débauche avoit en quelque manière ſuſpendu mes regrets & banni de mon cœur le ſouvenir de ſa pré-miere paſſion. Mais, dès que je me vis renduë à moi-même, & affranchie de la néceſſité de me proſtituer pour vivre,

Char-

Charles reprit son empire sur mon ame:
son image adorable me suivit par-tout; &
je sentis que s'il n'étoit témoin de ma félicité, s'il ne l'a partageoit pas, je ne pourois jamais être heureuse. J'avois apris
pendant mon séjour à Mary bone que son
pére étoit mort, & que ce precieux objet
de ma tendre affection devoit revenir in-
cessamment en Angleterre. Je te laisse à
penser, ma chére amie, toi qui connois ce
que c'est que le véritable amour, avec
quel excès de joïe je reçûs cette nouvelle,
& avec quelle impatience j'attendis le fortuné moment où nous devions nous revoir.
Agitée comme je l'étois, il n'étoit pas possible que je demeurasse tranquile: aussi,
pour me distraire & charmer mes inquiétu-

 des,

des, je réfolus de faire un voïage dans mon païs natal où je me propofois de démentir Efther Davis qui avoit fait courir le bruit qu'on m'avoit envoïée aux Colonies. Je partis accompagnée d'une femme de chambre, avec tout l'attirail d'une Dame de diftinction. Un orage affreux m'aïant furprife à douze mille de Londres, je jugeai à propos de m'arrêter dans l'hotellerie la plus voifine que je trouvai fur la route. J'étois à peine defcenduë de caroffe qu'un Cavallier, contraint comme moi de chercher un abri, arriva au galop. Il étoit moüillé jufqu'à la peau. En mettant pied à terre, il pria le maître de la maifon de lui prêter dequoi changer pendant qu'on feroit fecher fes habits. Mais, ô deftin trop

heu-

heureux! quel son de voix enchanteur frapa tout à coup mon oreille! & de quel raviffement ne fus-je point faifie, lorfque je l'envifageai! une large rédingote dont le capuchon lui envelopoit la tête; un grand chapeau par-deffus dont les audaces étoient baiffées; en un mot, plufieurs années d'abfence ne m'empêchérent pas de le reconnoître. Eh! comment aurois-je pû m'y méprendre? eft-il rien qui puiffe échaper aux regards pénétrants de l'amour? l'émotion où j'étois me faifant oublier toute retenuë, je m'élançai comme un trait entre fes bras lui paffant les miens au cou; & l'excès de la joïe m'otant la liberté de la parole, je m'évanoüis en prononçant confufément deux ou trois mots, tels que,

mon

mon ame . . . ma vie . . . mon Charles.
Quand je fus revenuë à moi-même, je me
trouvai dans une chambre, entourée de
tout le monde du logis que cet évenement
avoit raſſemblé, & mon adorable à mes
piés, qui me tenant les mains ſerrées dans
les ſiennes, me regardoit avec des yeux
où regnoient à la fois la ſurpriſe, la tendreſſe & la crainte. Il reſta quelques moments ſans pouvoir proférer une ſylla-
be. Enfin ces douces expreſſions ſortirent de
ſa divine bouche. ,, Eſt-ce bien vous,
,, mon aimable, ma chére Fanny? . . . .
,, après un ſi long eſpace de tems! . . a-
,, près une ſi longue abſence! . . m'eſt-il
,, permis de vous revoir encore? . . .
,, n'eſt-ce pas un illuſion? . . ” & dans

la

la vivacité de ses transports il me dévoroit de caresses, & m'empêchoit de lui
répondre par les baisers qu'il m'imprimoit
sur les lévres. Je me trouvois de mon côté dans un état si ravissant, que j'étois effraïée de mon bonheur, & tremblois que
ce ne fut un songe. Cependant, je l'em-
brassois avec une fureur extrême, je le
serrois de toutes mes forces comme pour
l'empêcher de m'échaper de rechef. „ Où
„ avez vous été, m'écriois-je? . . . com-
„ ment . . . comment pûtes vous m'a-
„ bandonner? . . êtes vous toujours mon
„ amant? ... m'aimez vous toujours? ...
„ je vous pardonne ... ouï, cruel, je
„ vous pardonne toutes les peines que j'ai
„ soufertes pour vous, en faveur de votre

L 5

„ re-

„ retour ". Le défordre de nos queftions & de nos réponfes; le trouble, la confu-fion de nos difcours étoient d'autant plus éloquents, qu'ils partoient du cœur, & que le feul fentiment nous les dictoit.

Tandis que nous étions plongés dans cette délicieufe ivreffe, que nos ames étoient abforbées dans la joïe, l'hô-teffe apporta des hardes à Charles. Je voulus avoir la fatisfaction de le fer-vir & de l'aider de mes mains, ainfi qu'on nous repréfente les Nimphes & les heures fervant le Dieu du jour. Aucune partie de fon corps n'échapoit à mes re-gards, ni à mes attouchements. J'effaïois de les fecher & d'en pomper l'humidité par la chaleur de mon haleine & de mes baifers.   Après

Après avoir calmé nos transports, mon amant m'aprit qu'il avoit fait naufrage sur les côté d'Irlande, & que ce qui causoit son desespoir, c'étoit l'impossibilité où ce desastre le mettoit de pouvoir désormais me faire aucun bien. L'aveu naïf de son infortune m'attendrit & m'arracha des larmes. Néantmoins je ne pus m'empêcher de m'applaudir secretement de me trouver en situation de réparer ses malheurs.

Il seroit inutile, ma toute bonne, de te retracer ce qui se passa entre nous cette nuit là, tu le devines aisément. Le lendemain, nous revinmes à Londres, & dans la route je fis à Charles ma confession générale. Comme la nécessité avoit eu plus de part à mon libertinage que le pen-

chant,

chant, il me pardonna tout. Je le follicitai vainement d'accepter ce que je poffédois, il ne voulut jamais y confentir qu'aux conditions que notre amour fut ratifié par des nœuds légitimes & indiffolubles. Enfin, tu fais le refte; tu connois mon mari, tu es le plus fouvent avec nous : juge fi j'ai lieu de me plaindre de mon fort, ou plûtôt, fi je ne fuis pas la plus heureufe femme du Monde. Adieu, ma chére, ce qui j'exige de ton amitié, c'eft de ne point divulguer mes égaremens, & de me croire, &c.

F I N.